Ces feuilles et la couverture doivent être c[oupées] et placées à la fin du volume

COURS D'HYGIÈNE

FAIT

A LA FACULTÉ DE MÉDECINE DE PARIS

PAR LOUIS FLEURY,

Professeur agrégé à la Faculté de Médecine de Paris, membre honoraire de la Societé anatomique de Paris, membre correspondant de la Société de médecine de Marseille, de l'Académie royale de Médecine de Belgique, chevalier de la Légion d'honneur, de l'ordre de Léopold de Belgique, etc.

1re Livraison.

PARIS,

CHEZ LABÉ, LIBRAIRE DE LA FACULTÉ,

PLACE DE L'ÉCOLE-DE-MÉDECINE, 23, ANCIEN N° 4.

1852

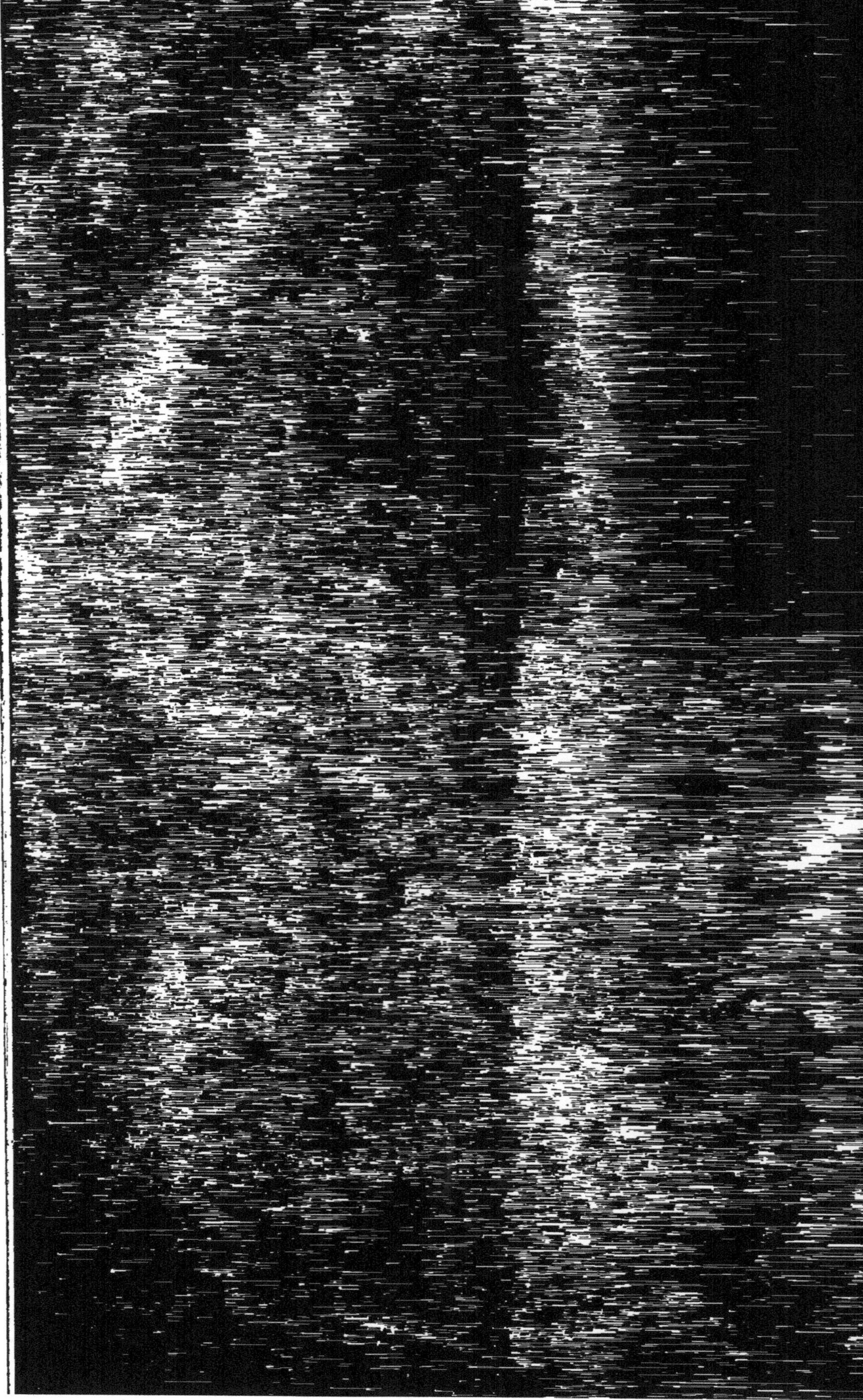

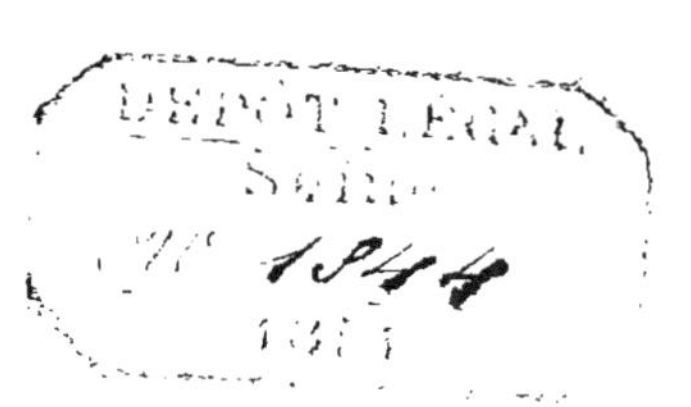

COURS D'HYGIÈNE.

PARIS — TYPOGRAPHIE PLON FRÈRES,
RUE DE VAUGIRARD, 36.

COURS
D'HYGIÈNE

FAIT

A LA FACULTÉ DE MÉDECINE DE PARIS

PAR LOUIS FLEURY,

Professeur agrégé à la Faculté de Médecine de Paris, membre honoraire de la Société anatomique de Paris, membre correspondant de la Société de médecine de Marseille, de l'Académie royale de Médecine de Belgique, chevalier de la Légion d'honneur, de l'ordre de Léopold de Belgique, etc.

PARIS,

CHEZ LABÉ, LIBRAIRE DE LA FACULTÉ,

PLACE DE L'ÉCOLE-DE-MÉDECINE, 23, ANCIEN N° 4.

1852

1851

Je n'ai pas la prétention d'avoir écrit un Traité complet d'hygiène ; voilà pourquoi j'ai conservé à ce livre la forme sous laquelle il a été conçu : celle des leçons faites à la Faculté de médecine de Paris.

Mais, dira-t-on, à quoi bon ajouter un volume à tous ceux qui existent déjà sur l'hygiène et dont quelques-uns sont d'origine très-récente?

Royer-Collard va répondre pour moi.

« Au milieu de ce mouvement général de progrès qui, depuis quinze ans, s'accomplit dans la médecine, l'hygiène, plus qu'aucune autre des parties qui la composent, est restée stationnaire. Des travaux partiels ont jeté sur quelques points de cette science de vives et nouvelles lumières, particulièrement en ce qui touche à la santé publique ; mais, si l'on cherche à embrasser dans un seul coup d'œil la science elle-même tout entière, on est bientôt frappé de l'immense confusion qui règne encore dans son ensemble. Des matériaux sans nombre sont accumulés dans un champ sans limites ; souvent on a essayé de les rapprocher les uns des autres, de les distribuer en groupes distincts, mais ces tentatives sont demeurées stériles. Partout se fait sentir le défaut d'ordre et de méthode ; il manque là, en quelque sorte, un corps auquel viennent s'assimiler tous ces éléments juxta-posés, et une pensée qui les anime. L'hygiène semble arrêtée et comme engourdie dans les traditions du passé ; pour elle les sciences physiques et naturelles n'ont pas marché, ou, du moins, elle se contente, dans la plupart des cas, de ces notions incertaines, diffuses que donne une observation superficielle et vulgaire, et, par conséquent, elle n'aboutit le plus ordinairement, dans ses conclusions, qu'à des règles banales. Qui ne voit qu'il n'y a pas là de science véritable ? Qui ne comprend l'urgente nécessité de sortir d'un tel état de choses, et de ramener du moins l'hygiène au niveau des autres parties de la médecine ? »

Appelé deux fois, par la maladie et par la mort de Royer-Collard, à professer l'hygiène dans l'amphithéâtre de l'école de Paris, j'ai tenté, dans mes leçons, d'accomplir une partie de la tâche indiquée aux hygiénistes par l'homme éminent dont j'occupais la chaire.

Je crois devoir à la Faculté de médecine de Paris, maîtres et élèves, la preuve écrite des efforts que j'ai faits pour justifier la confiance qu'elle a bien voulu placer en moi, et je publie mon cours.

Puisse-t-elle juger que je n'ai point trop présumé de mes forces dans cette difficile et téméraire entreprise ! puisse-t-elle être indulgente pour une œuvre qui est un hommage rendu à une mémoire qui lui est chère, et un témoignage de mon respect envers elle !

L. Fleury.

COURS D'HYGIÈNE.

PREMIÈRE LEÇON.

DE L'HYGIÈNE. — DÉFINITION. — PLAN.

Qu'est-ce que l'hygiène? Il n'est pas facile, dans l'état actuel des choses, de répondre d'une manière satisfaisante à cette question, et vous ne trouverez pas aisément deux auteurs qui soient d'accord sur ce point. Les uns, se plaçant à un point de vue médical, ne voient dans l'hygiène que de l'étiologie, de la pathologie et de la thérapeutique; les autres, se plaçant au point de vue physiologique, n'y aperçoivent que de la physique, de la météorologie, de la géologie: de telle sorte qu'à force de mettre de l'hygiène partout, on finit par ne la trouver nulle part; de telle sorte encore que l'enseignement de l'hygiène a été frappé de discrédit, de ridicule, à ce point que, d'après une opinion presque généralement admise aujourd'hui, l'hygiène ne serait que l'art de débiter pompeusement des banalités.

Il importe de faire cesser cet état de choses, et de montrer que l'hygiène est une des branches les plus sérieuses et les plus importantes des études médicales.

L'hygiène est l'*art de conserver la santé*, ont dit et répètent encore beaucoup d'auteurs. Il est difficile de concevoir une définition plus incomplète et plus défectueuse. Et d'abord, cette prétendue définition en implique une autre et conduit à se demander préalablement qu'est-ce que la santé? Or, vous savez tous les discussions dans lesquelles sont tombés, sans parvenir à s'entendre, les écrivains qui ont cherché à déterminer d'une manière nette et précise les caractères de la santé, et vous reconnaîtrez le vice d'une définition qui prend pour base la chose la moins définie du monde. D'ailleurs, a-t-on dit avec raison, la santé n'est point une généralité; elle exprime une manière d'être qui varie suivant les sujets et, dans le même sujet, suivant une foule de circonstances qui agissent sur lui, sans que les oscillations fonctionnelles qui en résultent déterminent un état de maladie; il faudrait donc modifier cette définition en disant: *l'art de conserver à chacun sa santé.*

Ce n'est pas tout. Voici un enfant qui est doué d'un tempérament lymphatique très prononcé; il est actuellement dans l'état de santé; mais, par le fait de son tempérament, il est prédisposé à certaines maladies dont on a lieu de redouter le développement ultérieur. L'hygiéniste ne doit-il pas, en vue de cette éventualité, s'efforcer de modifier le tempérament de cet enfant, c'est-à-dire d'améliorer la santé? On a compris la portée de cette objection, et l'on a voulu s'y soustraire en définissant l'hygiène : la science qui traite de la santé dans le double but de sa conservation et de son perfectionnement.

Mais ce n'est pas tout encore. Si, en péchant contre certaines règles de l'hygiène, un homme a compromis sa santé, le devoir de l'hygiéniste n'est-il point de le faire rentrer dans la bonne voie et de coopérer au rétablissement de la santé? Il faudrait donc modifier encore cette définition déjà modifiée et dire : L'hygiène est la science qui traite de la santé dans le triple but de sa conservation, de son amélioration et, sous certaines conditions, de son rétablissement. Je sais bien que quelques personnes contestent à l'hygiène le droit de s'immiscer dans la curation des maladies, mais nous verrons bientôt que cette doctrine est inadmissible.

Pour plusieurs auteurs, l'hygiène est l'étude des causes des maladies. Or, dit M. Gerdy, si vous faites l'histoire des influences qui tendent à troubler les fonctions sans en tirer aucune règle pour conserver la santé, vous ne faites pas de l'hygiène. M. Gerdy a raison en ce sens qu'il ne faut pas confondre l'hygiène avec l'étiologie, mais sa proposition est trop absolue. Nous disons, nous, si vous faites, sans formuler de règles, l'histoire des influences qui se rattachent à certains modificateurs spéciaux appelés modificateurs hygiéniques, vous faites bien de l'hygiène, mais de l'hygiène incomplète, sans application; vous posez des prémisses sans en tirer de conclusions; si, au contraire, vous faites, même en formulant des règles, l'histoire des influences qui se rattachent à certains autres modificateurs, aux modificateurs mécaniques et pathologiques, vous ne faites pas de l'hygiène, mais de l'étiologie.

M. Gerdy ajoute : « En confondant l'hygiène avec la science des influences, on s'en fait de fausses idées et l'on arrache à la physiologie sa partie la plus positive. » Messieurs, ceci n'est plus exact : la physiologie ne s'occupe point des influences morbifiques ; elle n'étudie certains modificateurs, dits physiologiques, qu'au point de vue du mécanisme et de l'entretien de la vie, et, pour que la proposition de M. Gerdy ait un sens, il faut l'appliquer à une branche nouvelle de la physiologie collatérale de celle qu'on a désignée dans ces derniers temps sous le nom de physiologie pathologique ; mais alors il est évident que la question se trouve réduite aux proportions d'une dispute de mots.

D'un autre côté peut-on, ainsi que le voudrait M. Gerdy, réduire l'hygiène à l'énoncé de certains préceptes complétement isolés de l'étude des influences contre lesquelles ils sont destinés à protéger la santé? Les règles ne sont-elles point le corollaire de cette étude? M. Gerdy ne s'est-il point d'ailleurs réfuté lui-même en présentant sous le nom de *Cours d'hygiène positive* l'étude de ces mêmes influences?

Pour M. Gerdy, l'hygiène est exclusivement l'art d'éviter les causes connues des maladies, et, comme suivant lui, nous ne possédons, en général, pour atteindre ce but que des moyens négatifs, il en résulte que l'hygiène ne serait autre chose qu'une prophylaxie passive.

Ce que nous avons dit précédemment ne nous permet pas d'accepter cette nouvelle définition, car nous avons montré que l'hygiène est souvent une *prophylaxie active,* et que parfois elle prend la place de la *thérapeutique.* A la vérité M. Gerdy combat avec vivacité cette manière d'envisager l'hygiène. « Il n'est pas plus convenable, dit-il, de parler de moyens hygiéniques en thérapeutique qu'il ne le serait de parler de moyens thérapeutiques en hygiène... l'expression hygiénique n'est relative qu'à la conservation de la santé et ne peut s'appliquer aux moyens destinés à traiter les maladies. » En vérité, messieurs, nous ne saurions comprendre pourquoi, les agents restant les mêmes, l'expression *hygiénique* ne serait pas appliquée aux moyens destinés à rétablir la santé aussi bien qu'à ces mêmes moyens employés dans le but de conserver la santé! Ainsi je ferais de l'hygiène en conseillant à un homme actuellement bien portant de ne point manger de l'oseille avec excès, dans la crainte de voir se produire chez lui des graviers d'oxalate de chaux, et je n'en ferais plus si un malade expulsant actuellement des graviers de cette nature sous l'influence de l'usage immodéré de l'oseille, je lui prescrivais de renoncer à cette substance alimentaire. Je vais plus loin : un homme est affecté d'une maladie quelconque, contractée sous l'influence d'un modificateur quelconque, les règles qu'il doit suivre dans le but de se guérir, quant au régime, à l'habitation, au climat, quant aux modificateurs hygiéniques, en un mot, n'appartiennent-elles pas manifestement à l'hygiène, et n'est-ce pas la force des choses qui vous conduit à donner à leur ensemble le nom de *traitement hygiénique*?

M. Gerdy nous fait une concession et reconnaît que l'hygiène doit intervenir pour éloigner les influences qui pourraient altérer davantage la santé déjà troublée, ou ajouter à une maladie une maladie nouvelle; mais ne sont-ce point là de vaines subtilités? Encore une fois, pourquoi le même agent changerait-il de nature ou de nom suivant qu'il est appliqué dans un but de prophylaxie ou dans un but de curation? Est-il nécessaire, utile, possible de séparer ainsi l'hygiéniste du médecin?

Ainsi donc, et nous insistons sur ce point, parce qu'il est d'une importance capitale et parce qu'il a longuement été discuté par un homme de la valeur de M. Gerdy; ainsi donc il demeure établi que tantôt l'hygiéniste doit se borner à conserver, à maintenir les rapports existants entre l'homme et certains modificateurs pour éloigner les influences morbifiques; que tantôt il doit, au contraire, s'efforcer de modifier ces rapports, afin de les rendre plus favorables à la santé; ici la prophylaxie passive doit céder la place à la prophylaxie active; et que tantôt, enfin, l'état morbide étant survenu, l'hygiéniste doit faire intervenir ces mêmes modificateurs, tant pour empêcher que la maladie ne soit aggravée ou compliquée que pour en opérer ou en faciliter la guérison. Ici la prophylaxie est remplacée par le traitement hygiénique.

M. Lévy a tenu compte de quelques-unes de ces considérations, et s'est appuyé sur elles pour appeler l'hygiène la clinique de l'homme sain. Nous ne nous arrêterons pas à discuter cette définition, qui n'a probablement pas la prétention d'en être une.

Jusqu'à présent, messieurs, nous ne nous sommes occupés que de l'homme physique et de l'individu isolé. Or tous les philosophes et les historiens, Platon, Tacite, Montesquieu, Rousseau, Cabanis, M. Guizot, nous montrent la haute influence que l'hygiène exerce sur le développement et le perfectionnement de l'homme intellectuel et moral, sur la destinée des sociétés et des empires. « L'hygiène, s'écrie Rousseau, est moins une science qu'une vertu. » — « L'hygiène seule, dit M. Londe, peut donner les moyens, soit de fortifier nos sentiments lorsqu'ils sont trop faibles pour servir à l'entretien et au bonheur de notre existence, soit de les modérer lorsque, trop ardents, ils menacent de dégénérer en passions violentes et de causer notre malheur..... Elle est le guide des législateurs et la Providence des nations. » — « L'hygiène, dit à son tour M. Rochoux, est une véritable philosophie naturelle qui s'occupe bien plus d'enseigner à faire un bon emploi de la vie que d'en prolonger la durée. »

Eh bien, messieurs, une bonne définition ne doit-elle pas indiquer ces rapports de l'hygiène avec l'éducation, la civilisation, la morale, la religion, avec la science gouvernementale, avec la sociologie, en un mot, pour me servir d'une expression introduite dans le langage scientifique par M. Auguste Comte? Ne doit-elle pas exprimer que l'hygiène est en même temps individuelle ou privée, et sociale ou publique; physique, intellectuelle et morale.

Dans le but de satisfaire à ces conditions d'une bonne définition, M. Londe appelle l'hygiène « la science qui a pour objet de diriger les organes dans leurs fonctions. » Nous verrons plus loin que cette définition repose sur une base inacceptable.

Vous savez maintenant, messieurs, que l'hygiène a pour subjectif l'homme sain ou malade, isolé ou réuni en société, envisagé dans son organisation physique, intellectuelle et morale ; vous savez aussi qu'elle a pour mission de maintenir, de placer ou de rétablir l'homme dans les conditions les plus favorables au développement régulier de cette organisation. Il nous reste à vous faire connaître les moyens dont elle dispose, et c'est ici que se présente le point fondamental de la question, car ce n'est qu'en l'établissant d'une manière nette et précise que l'on peut constituer l'individualité de l'hygiène et la distinguer de la physiologie, de l'étiologie et de la thérapeutique, avec lesquelles les uns l'ont trop confondue et desquelles les autres l'ont trop séparée. Comment se fait-il qu'aucun auteur n'ait eu recours à ce procédé si simple et si logique?

Comment concevoir qu'aucun n'ait fait intervenir dès à présent la considération des modificateurs, que ceux-ci aient été relégués sur le second plan, alors seulement qu'il s'est agi de diviser ce que, dans un langage barbare, on a appelé les matières de l'hygiène? Comment se fait-il que personne n'ait entrevu que ce n'est qu'en se fondant sur l'existence et la nature des modificateurs qu'on peut arriver à définir l'hygiène?

Quels sont donc les modificateurs qui rentrent dans le domaine de l'hygiène?

Avant de répondre à cette question, je dois vous rappeler, messieurs, que, d'après une conception philosophique de M. de Blainville, tout être vivant peut être étudié dans tous ses phénomènes sous deux rapports fondamentaux, sous le rapport statique et sous le rapport dynamique, c'est-à-dire comme apte à agir et comme agissant effectivement. Mais l'être vivant ne saurait être entièrement conçu si on ne l'envisage pas dans ses rapports avec le monde extérieur, et cette étude des influences réciproques comprend également la considération du double point de vue statique et dynamique. Il y a donc deux manières d'étudier les êtres vivants : ou bien on les envisage isolément, tout en subordonnant cette étude à la notion des lois générales, ou bien ils sont étudiés dans leurs rapports avec le monde extérieur.

Or l'hygiène embrasse cette double étude, et les modificateurs qu'elle revendique appartiennent soit au monde extérieur (modificateurs cosmiques), soit à l'être vivant lui-même (modificateurs individuels). Ces modificateurs sont précisément ceux que vous connaissez sous le nom de *modificateurs physiologiques*, et ils prennent le nom de *modificateurs hygiéniques* dans l'étude que nous allons en faire dans un but déterminé et à un point de vue spécial.

Et en effet, la physiologie et l'hygiène ont pour base les mêmes modificateurs; mais la première les envisage dans leurs rapports avec le mécanisme et l'entretien de la vie; la seconde, dans leurs rapports avec le maintien et l'amélioration de la santé. L'hygiène et l'étiologie ont un but commun : l'étude des influences morbifiques; mais la première étudie celles qui se rattachent aux modificateurs hygiéniques, la seconde celles qui appartiennent aux modificateurs mécaniques et pathologiques. Enfin, l'hygiène et la thérapeutique se proposent toutes deux le rétablissement de la santé ; mais celle-là n'a encore recours qu'aux agents hygiéniques, tandis que celle-ci fait intervenir les agents médicamenteux et mécaniques.

Et maintenant le jour ne se fait-il point dans votre esprit ? tout ne devient-il pas clair, précis, rigoureusement déterminé et limité? n'apercevez-vous pas nettement dessinée l'individualité de l'hygiène que vous n'avez jamais entrevue que sous la forme d'une espèce de monstre gémellaire, accolé d'un côté à la physiologie, de l'autre à l'étiologie et à la thérapeutique ?

Sans doute, messieurs, quelques-uns de ces esprits que M. Auguste Comte accuse, avec tant de raison, d'être possédés de la manie de morceler l'étude des connaissances humaines ne manqueront pas de dire qu'il faut alors distinguer une étiologie et une thérapeutique hygiéniques de l'hygiène proprement dite; mais je n'accepte pas l'objection, et je réponds que l'hygiène est ce que nous venons de dire, ou qu'elle n'est rien ; qu'elle est cela, ou bien qu'il faut rayer le cours d'hygiène du programme de la Faculté, et en distribuer les éléments dans les cours de physique et de chimie médicales, de physiologie, de pathologie et de thérapeutique générales, etc., et j'ajoute qu'en agissant ainsi on laisserait exister une grave lacune dans l'enseignement.

Ceci posé, nous devons rechercher si l'hygiène est une *science* ou un *art*, et la question vaut la peine d'être examinée, puisque vous avez vu l'une et l'autre de ces dénominations être employée par des écrivains d'une égale autorité. Or il est évident, tout d'abord, que l'hygiène ne saurait être placée au rang des sciences fondamentales que M. Auguste Comte a réduites à six : la mathématique, l'astronomie, la physique, la chimie, la biologie et la sociologie, et qu'elle entre dans le domaine de la biologie et de la sociologie; mais si l'on considère que l'hygiène est essentiellement une affaire d'application, et que ses éléments sont empruntés à la biologie, à la physique, à la chimie, à l'astronomie, on reconnaîtra qu'elle réunit tous les caractères assignés aux arts par M. Comte dans les termes suivants : « Science, d'où prévoyance; prévoyance, d'où action : telle est la formule très simple qui exprime d'une manière exacte la relation générale de la science et de l'art, en prenant ces deux expressions dans leur acception totale... Chaque art dépend non-seulement d'une certaine science correspondante, mais à la fois de plusieurs : tellement que les arts les plus importants empruntent des secours directs à presque toutes les sciences principales. »

Arrivés à ce point, il me semble, messieurs, qu'il va nous être possible de donner enfin de l'hygiène une définition exacte et complète ; et si vous voulez peser attentivement tous les termes de celle que j'ai donnée ici il y a quatre ans et que je vais reproduire, car la réflexion m'y a de plus en plus rattaché, vous reconnaîtrez, je l'espère, que nous avons atteint le but en disant :

« L'hygiène, ou l'hygiotechnie, est un art qui se propose, au » moyen des modificateurs cosmiques et individuels, de maintenir, » de placer ou de rétablir l'homme sain ou malade, isolé ou réuni » en société, dans les conditions les plus favorables au développe- » ment régulier de son organisation physique, intellectuelle et » morale. »

Je vous demande pardon, messieurs, d'avoir si longtemps abusé de votre patience pour n'arriver qu'à une définition qui a le défaut d'être longue ; pour me justifier, permettez-moi de vous citer encore quelques paroles empruntées à la remarquable exposition qui précède le *Cours de philosophie positive* de M. Aug. Comte, et qui trouvent ici une application pleine de justesse.

« La nature de ce cours ne saurait être complétement appréciée, de manière à pouvoir s'en former une opinion définitive, que lorsque ses diverses parties en auront été successivement développées. Tel est l'inconvénient ordinaire des définitions relatives à des systèmes d'idées très étendues ; mais les généralités présentées comme aperçu d'une doctrine à établir ont déjà une extrême importance en caractérisant dès le début le sujet à considérer. La circonscription générale du champ de nos recherches, tracée avec toute la sévérité possible, est pour notre esprit un préliminaire particulièrement indispensable dans une étude aussi vaste et jusqu'ici aussi peu déterminée que celle dont nous allons nous occuper. »

PLAN. — Examinons maintenant, messieurs, quel est le mode d'exposition, quel est le *plan* auquel doit s'arrêter un professeur d'hygiène pour rendre son enseignement aussi satisfaisant que possible. On peut ramener à trois méthodes principales tous les plans qui ont été proposés par les auteurs.

A. Dans la première méthode, imaginée par M. Moreau (de la Sarthe) et adoptée par MM. Rostan, Londe, Piorry, on prend pour base l'anatomie. On forme autant de classes qu'il y a d'appareils, et l'on y distribue les différents modificateurs suivant qu'ils exercent leur action sur tel ou tel appareil. Nous verrons tout à l'heure que c'est sur les modificateurs eux-mêmes que doit reposer une bonne exposition de l'hygiène; mais en acceptant la donnée fondamentale de ce plan, il est facile de voir qu'il présente de nombreux inconvénients.

Le plan de M. Moreau est impraticable, selon M. Gerdy: 1° parce que la plupart des influences ne se bornent pas à agir sur une seule fonction, mais agissent sur plusieurs, et qu'alors l'arbitraire seul a le choix de la fonction à laquelle on rattache l'histoire de l'influence: ainsi certains ingesta agissent non-seulement sur l'estomac et les intestins, mais encore sur les appareils circulatoire ou nerveux; 2° parce qu'il est beaucoup d'influences qui agissent toujours de la même manière sur l'économie, pourvu que le point par où elles l'attaquent soit sensible à leur action: ainsi certains poisons ont la même action, qu'ils soient introduits par l'estomac, le rectum, une plaie, etc.; 3° parce qu'il est des influences que l'on ne sait où placer: ainsi la chaleur, l'humidité, etc.; 4° parce qu'il réunit à chaque instant les influences les plus disparates par leur nature et forme les rapprochements les plus bizarres.

Un médecin qui s'astreint rigoureusement à l'ordre physiologique, dit M. Monneret, s'expose sans cesse ou à passer sous silence les modificateurs qui n'ont pu rentrer dans son cadre, ou bien à revenir sur des sujets qu'il a déjà traités. S'il agit autrement, il viole les règles qu'il a posées, et c'est, du reste, ce qu'il est contraint de faire à chaque instant, sous peine d'être incomplet.

« Ce serait employer une marche vicieuse, dit à son tour M. Segond, que d'étudier par fonctions d'organes tous les rapports que l'être peut affecter. Si chacun des milieux ne se trouvait en relation biologique qu'avec un appareil déterminé, cette marche n'aurait pas d'inconvénient; mais l'animal tend à se mettre en rapport par l'ensemble de l'organisme: aussi arriverait-il qu'après avoir étudié successivement toutes les relations extérieures d'un appareil, on resterait dans le vague relativement à la notion théorique exacte d'un rapport déterminé entre l'être vivant et tel ou tel milieu. »

B. Dans une seconde méthode, proposée par M. Gerdy, on prend à la fois pour base l'anatomie, la physiologie, l'hystologie et les modificateurs. Ainsi, dans une première partie, M. Gerdy étudie les appareils organiques, les solides, les liquides, les tissus. Dans une seconde partie appelée hygiologie, il reprend l'étude de chaque appareil en particulier au point de vue de ses fonctions, de ses anomalies, de ses variétés, etc. Enfin, dans une troisième partie, il aborde l'étude des influences, mais seulement au point de vue pathogénique. Or la première partie est de l'anatomie générale et de l'hystologie, la seconde est de l'anatomie descriptive et de la physiologie; la troisième est de l'étiologie; et cela est tellement vrai que cette étude des influences, indiquée d'abord par l'auteur comme appartenant à un *cours d'hygiène positive*, fait partie aujourd'hui, sous le titre d'étiologie, du volume publié récemment par M. Gerdy et consacré à la pathologie générale.

C. La troisième méthode remonte à Galien; elle a été développée par Hallé, et elle est adoptée par la plupart des hygiénistes contemporains. Elle prend pour base les modificateurs auxquels Hallé a donné le nom de *matières de l'hygiène*, et elle étudie successivement l'influence exercée sur l'organisme par les *circumfusa*, les *applicata*, les *ingesta*, les *percepta*, les *gesta* et les *excreta*. Cette étude est précédée de considérations sur le *sujet de l'hygiène*, afin de connaître les différences individuelles qui font varier le résultat des modificateurs hygiéniques. Enfin, sous le nom de *règles de l'hygiène*, se trouvent formulés les préceptes à l'aide desquels le sujet peut se préserver de l'influence morbifique des matières. Pardonnez-moi, messieurs, ce langage; il ne m'appartient pas.

Royer-Collard avait adopté ce plan, en lui faisant subir quelques modifications indiquées dans le tableau suivant:

SUJET DE L'HYGIÈNE. — *Caractères et signes de la santé. Formes de la santé.* — Ages, sexes, tempéraments, constitutions, idiosyncrasies, hérédité, habitude, races, professions.

Degrés de la santé. — Imminence morbide, convalescence, infirmités.

MATIÈRE DE L'HYGIÈNE. — *Fonctions de nutrition.* — Circumfusa, applicata, ingesta.

Fonctions de relation. — Gesta, percepta.

Fonctions de reproduction. — Genitalia.

Ce plan est fort séduisant au premier aspect, mais est-il possible de séparer les fonctions de l'étude du sujet et de les reléguer parmi les matières où l'on voit les percepta placés à côté des condiments et l'accouchement à côté des cosmétiques? N'est-il pas logique de rapprocher les modificateurs fonctionnels des modificateurs organiques, et d'en faire une classe distincte : celle des modificateurs individuels? Est-il raisonnable de réunir dans un même groupe, de rapprocher les unes des autres des professions qui font intervenir les modificateurs les plus différents, tandis que ce sont justement ces modificateurs qu'il importe d'étudier avec méthode? N'est-il pas ridicule de placer l'hygiène du chanteur à côté de celle du cérusier et celle du tailleur à côté de celle de l'homme de lettres? La première ne se placerait-t-elle pas naturellement dans le chapitre consacré à l'étude de la respiration et de la voix; la seconde dans celui consacré à l'étude de l'air atmosphérique et de ses viciations? Pourquoi rapprocher les circumfusa des applicata? Quel rapport existe-t-il entre la radiation solaire et les substances épilatoires? N'est-il point possible d'introduire dans l'étude des modificateurs extérieurs une division plus conforme à celle qui est établie dans les sciences naturelles?

Il me semble, messieurs, qu'en tenant compte des considérations qui précèdent, il est possible de tracer un plan d'hygiène exempt des inconvénients et des défauts que nous avons reprochés aux divers plans qui ont été proposés jusqu'à présent par les auteurs.

L'hygiotechnie étant essentiellement l'étude des rapports qui peuvent exister entre l'homme et certains modificateurs, il est bien évident que ce sont ceux-ci qui doivent servir de base à un plan d'hygiène, et nous savons que les modificateurs hygiéniques sont cosmiques ou individuels, les premiers se subdivisant en astronomiques, en physiques et en chimiques, les seconds en statiques et en dynamiques. Or si à chacune de ces divisions nous rattachons, en tenant compte de l'agent prédominant, certains modificateurs complexes qui agissent simultanément de plusieurs manières sur l'organisme, nous aurons un plan d'hygiène méthodique et parfaitement en rapport avec la division introduite dans l'étude de la plupart des sciences naturelles. Quelques mots d'explication sont toutefois nécessaires. Il est des modificateurs qui exercent plusieurs influences de nature différente. Ainsi l'air atmosphérique agit physiquement par sa pression, sa température et chimiquement par sa composition ; la radiation solaire agit par ses rayons calorifiques et d'éclairement et par ses rayons chimiques. Faut-il scinder l'étude de ces modificateurs et placer la pression de l'air parmi les modificateurs physiques, sa composition parmi les modificateurs chimiques? Nous ne l'avons point pensé, et nous avons préféré nous conformer exactement à l'ordre établi dans les sciences physiques et chimiques; cela apporte de l'uniformité dans l'exposition des sciences naturelles et n'est pas sans avantages même au point de vue restreint de l'hygiène. Ainsi la considération des climats, des localités, de l'endémie, etc., est évidemment du domaine de l'hygiène physique, et cependant il faut y faire intervenir la composition de l'air; il est donc préférable de ne point diviser l'étude de ce modificateur. D'un autre côté, il faut bien comprendre ce que nous entendons par modificateurs individuels; il faut se rappeler qu'il ne s'agit pas ici des diverses conditions statiques et dynamiques dans leurs rapports avec l'état de vie, car cette étude appartient en propre à la physiologie; mais des influences morbifiques ou curatives que ces conditions peuvent exercer sur l'homme, point de vue bien différent sous lequel les conditions se transforment en modificateurs. Ainsi, pour mieux me faire comprendre par un exemple, la dentition est un phénomène d'évolution organique qui, considéré en lui-même, est du ressort de la physiologie ; mais la dentition peut devenir une cause de maladie, et sous ce rapport elle appartient à l'hygiène ; il en est de même pour l'âge, le tempérament, l'hérédité, etc.

Etant établi qu'un plan d'hygiène doit prendre pour base les modificateurs et ceux-ci étant connus, il ne nous reste plus qu'à examiner dans quel ordre ils doivent être étudiés; or il est évident, ainsi que l'a établi M. A. Comte, que l'étude des milieux dans lesquels vivent les êtres organisés doit précéder celle de ces êtres eux-mêmes, c'est-à-dire qu'il faut procéder de l'extérieur à l'être vivant. Mais, pour arriver à l'appréciation des rapports, il faut préalablement avoir examiné les deux termes, l'être vivant et le modificateur. L'étude des influences réciproques doit donc arriver après l'étude complète de l'homme et des agents cosmiques.

Il résulte de ceci que, s'il existait aujourd'hui une bonne systématisation des sciences biologiques et sociologiques, se traduisant par un programme suivi dans l'enseignement de cette Faculté, nous devrions, pour rester exclusivement dans le domaine de l'hygiotechnie, ne traiter ici que des rapports hygiéniques entre l'homme et les modificateurs, sans nous occuper de ces deux termes considérés soit en eux-mêmes, soit quant aux rapports physiologiques qui peuvent exister entre eux ; mais il n'en est pas ainsi, et, si les cours de physiologie, de physique et de chimie vous ont fait connaître les modificateurs cosmiques considérés en eux-mêmes et dans leurs rapports physiologiques avec l'être vivant, il n'en est pas de même pour les modificateurs individuels. La pathologie et l'anatomie pathologique vous ont décrit l'homme malade, tant à l'état statique qu'à l'état dynamique, dans ses rapports avec les influences mécaniques et pathologiques; mais la physiologie sociale est encore à créer, et, par une singulière anomalie, la physiologie individuelle ne vous a pas entretenus de l'homme vivant dans ses rapports physiologiques avec les conditions individuelles statiques et dynamiques; de telle sorte que, bien qu'il soit évident que l'étude des âges, des sexes, des tempéraments, de l'hérédité, etc., faite en dehors des influences morbifiques ou curatives, et seulement considérée comme se rattachant aux diverses conditions de l'état de vie, appartienne à la physiologie, cette étude n'a cependant jamais été embrassée par elle et a toujours été abandonnée à l'hygiène.

« Ce qui contribue à augmenter le vague des ouvrages d'hygiène, dit encore M. Segond, qui a sainement compris et résumé la philosophie biologique, si admirablement développée par M. A. Comte, c'est qu'à côté des moyens pratiques la science même de l'hygiène se trouve remplacée par une section de la physiologie proprement dite. La plupart des auteurs, cherchant à constituer un domaine scientifique particulier à l'étude des modificateurs, commencent par un préliminaire sur l'organisme, et considèrent ensuite l'homme suivant la prédominance de tel ou tel appareil, suivant l'âge, le sexe, les habitudes, les dispositions héréditaires ; or c'est l'anatomie qui doit fournir la notion de l'organisme, et, quant à l'étude des âges, des sexes, des tempéraments, etc., elle fait partie intégrante de la physiologie. L'étude des modificateurs doit supposer que l'être vivant est préalablement connu aussi complétement que les modificateurs eux-mêmes. »

Nous reconnaissons la justesse de ces paroles; mais nous sommes obligé d'accepter l'état actuel des choses et d'en subir les conséquences. Il faudra par conséquent que nous fassions précéder l'étude hygiénique de certains modificateurs d'une partie préliminaire, dans laquelle nous les envisagerons soit en eux-mêmes, soit dans leurs rapports physiologiques avec l'être vivant.

Nous étudierons en premier lieu les modificateurs cosmiques, ensuite les modificateurs individuels; nous ne séparerons pas les règles des influences, et nous réunirons l'hygiène publique à l'hygiène privée. Nous éviterons ainsi un grand nombre de répétitions, et s'il est vrai que certaines questions d'hygiène publique exigent des développements considérables, qui intéressent plutôt l'administrateur que le médecin, et qui nous entraîneraient beaucoup trop loin s'il fallait leur accorder toute l'étendue dont ils sont susceptibles, il est certain néanmoins que nous pourrons les traiter de façon à vous en donner une notion suffisante.

Voici notre plan.

Plan d'hygiène fondé sur l'étude et la division des modificateurs hygiéniques, envisagés dans leurs rapports avec l'homme sain ou malade, isolé ou réuni en société.

A. DES MODIFICATEURS COSMIQUES.

a. *Des modificateurs astronomiques.* — b. *Des modificateurs physiques.*

1° Pesanteur. — 2° Air atmosphérique : pression, température, électricité, humidité, son, composition. — 3° Radiation solaire : rayons calorifiques, d'éclairement et chimiques. — 4° Vents. — 5° Eau. — 6° Sol. — 7° Localités, climats, endémie, épidémie, géographie médicale, habitations, etc. — 8° Agents physiques divers, tels que vêtements, cosmétiques, bains, etc.

c. *Des modificateurs chimiques.*

1° Aliments. — 2° Boissons. — 3° Agents chimiques divers.

B. DES MODIFICATEURS INDIVIDUELS.

a. *Des modificateurs statiques.*

1° Ages. — 2° Tempéraments. — 3° Idiosyncrasies. — 4° Constitutions. — 5° Obésité. — 6° Maigreur. — 7° Sexes. — 8° Hérédité. — 9° Races humaines. — 10° De la santé, de ses variétés, de ses formes. — 11° Prédisposition. — 12° Diathèse. — 13° Imminence morbide. — 14° Convalescence.

b. *Des modificateurs dynamiques.*

1° Digestion : préhension des aliments, goût, digestion, défécation, absorption, faim, inanition, soif, disette, etc. — 2° Respiration : voix, hoquet, rire, éternuement, bâillement, certaines professions, etc. — 3° Circulation : cœur, gros troncs, capillaires, sang, hémorrhaphylie. — 4° Sécrétions : sueur, urine, exhalations muqueuses, leucorrhée, etc. — 5° Génération : continence, castration, excès vénériens, masturbation, prostitution, mariage, célibat, ovulation, grossesse, accouchement, lactation. — 6° Innervation. *a.* Sensibilité : douleur physique, chatouillement, sensation voluptueuse, toucher. *b.* Motilité : musculation, repos, attitude, mouvements, efforts, exercice, gymnastique, professions diverses. *c.* Intelligence : sommeil, veille, travail intellectuel, attention, imagination, jugement, émotions, passions, éducation, civilisation, gouvernement, religion, morale. — 7° Habitude.

Je vous prie, messieurs, de vouloir bien étudier ce plan avec attention ; car il sera le fil conducteur qui nous permettra de sortir enfin de ce dédale obscur dans lequel se sont égarés jusqu'à présent tous ceux qui se sont occupés de l'hygiotechnie, et si les idées nouvelles que je viens d'émettre dans ce discours d'ouverture, et que je développerai dans le courant de mon enseignement, pouvaient être acceptées par vous et prendre rang dans la science, vous me permettriez d'en concevoir quelque orgueil ; car je pourrais alors espérer que mon passage dans cette chaire ne serait pas sans quelque utilité pour vous et pour ceux qui vous succéderont.

Je terminerai chaque leçon par une indication bibliographique qui vous fera connaître les sources où vous pourrez étudier plus complétement les questions qui en auront fait le sujet.

Ouvrages à consulter.

Aujourd'hui, placés que nous sommes au point de vue général de l'hygiène, je vous indiquerai :

1° Les ouvrages de MM.

ROSTAN, *Cours élémentaire d'hygiène*, 2 vol. in-8°. Paris, 1828.
VIREY, *Hygiène philosophique*, 2 vol. in-8°. Paris, 1831.
THOUVENEL, *Éléments d'hygiène*, 2 vol. in-8°. Paris, 1840.
MOTARD, *Essai d'hygiène générale*, 2 vol. in-8°. Paris, 1841.
LONDE, *Nouveaux éléments d'hygiène*, 2 vol. in-8°. Paris, 1847. 2e édition.
LÉVY, *Traité d'hygiène publique et privée*, 2 vol. in-8°. Paris, 1844.

2° Les mémoires plus ou moins étendus et fort utiles à consulter de MM. :

MOREAU (de la Sarthe), *Essai d'un cours d'hygiène*. Paris, 1803.
GERDY, *Analyse détaillée de l'histoire de la santé*. Paris, 1827.
PIORRY, *Plan d'un cours d'hygiène*. Paris, 1838.
MONNERET, *Mémoire pour servir à l'étude de l'hygiène*. Paris, 1839.

3° Enfin je vous engage à lire avec attention le petit volume de M. SEGOND intitulé : *Histoire et systématisation générale de la biologie* (Paris, 1851), et à méditer dans le *Cours de philosophie positive* (Paris, 1838) de M. AUG. COMTE, les belles pages consacrées par cet éminent penseur à l'exposition de ses doctrines et à la biologie (tomes I et III).

DEUXIÈME LEÇON.

A. Des modificateurs cosmiques.

a. *Des modificateurs astronomiques, ou des influences sidérales.*

Les anciens attachaient une grande importance à l'influence exercée par les astres sur l'organisme, et Hippocrate recommande très expressément de n'accorder aucune confiance aux médecins qui ignorent l'astronomie. Pendant le règne des alchimistes, dit M. Arago, le corps humain fut considéré comme un univers en miniature, et à chaque organe fut dévolu un astre. Le cœur recevait les influences du soleil, le cerveau celles de la lune, le poumon celles de Jupiter, la rate celles de Saturne, le rein celles de Vénus, tandis que les organes de la génération étaient placés sous la direction de Mercure. De ces idées bizarres, ajoute M. Arago, il ne nous est resté que l'expression de *lunatiques*, généralement appliquée à ceux qui ont le cerveau malade.

De pareilles idées n'ont en effet plus besoin d'être discutées aujourd'hui; mais il ne faut pas perdre de vue, cependant, qu'elles se rattachent à une notion fondamentale exacte : celle d'une relation entre les lois astronomiques et les lois biologiques; car il est évident qu'il est impossible de concevoir d'une manière vraiment scientifique le système général des conditions d'existence propres aux corps vivants, sans prendre en considération l'ensemble des éléments astronomiques.

La vie, telle qu'elle se présente à nous, au double point de vue statique et dynamique, est appropriée aux milieux au sein desquels s'effectuent son développement, son maintien, et il est, par conséquent, impossible de supposer une perturbation quelconque dans les conditions fondamentales de ces milieux sans admettre une perturbation corrélative dans l'état des organes et dans l'accomplissement des phénomènes vitaux. Que la masse absolue et la forme générale de la terre soient modifiées, et il surviendra immédiatement une modification co-relative dans l'intensité et la direction de la pesanteur, dont vous pouvez comprendre, *à priori*, l'influence directe sur l'organisme. L'existence des êtres vivants est étroitement liée à l'équilibre et aux oscillations régulières des fluides dont la surface terrestre est couverte en majeure partie. Bichat a signalé la subordination de l'intermittence de la vie animale proprement dite avec celle de la rotation diurne de la terre; la direction du plan de l'orbite comparée à l'axe de rotation de la planète est le principe immédiat de la division de l'année en saisons, de celle de la terre en climats, et par conséquent de la loi relative à la distribution géographique des diverses espèces vivantes.

Des recherches récentes ont introduit un élément nouveau dans cette grande question des relations qui existent entre les lois astronomiques et les lois biologiques; elles ont montré qu'obéissant à un mouvement de totalité qui le pousse vers la constellation d'Hercule, notre système traverse d'une course rapide les immenses régions de l'espace. Or, parmi les conséquences de ce déplacement incessant de la terre, vous devez entrevoir la possibilité d'un changement assez considérable dans la température ambiante pour modifier profondément les climats, et même pour entraîner la destruction complète des êtres organisés à la surface de notre planète. Dans ce moment même, M. Petit, directeur de l'observatoire de Toulouse, attribue l'abaissement de la température saisonnière à ce que la terre traverse une région de l'espace qui est parsemée d'une innombrable quantité de corpuscules planétaires interposés entre notre globe et le soleil.

Ces considérations d'un ordre si élevé pourraient, messieurs, recevoir de longs développements; mais cela nous entraînerait beaucoup trop loin. Laissons à l'astronomie, à la physique, à la philosophie biologique, le soin de les poursuivre dans toutes leurs applications, dans toutes leurs hypothèses; et pour rester dans le domaine de l'hygiène, contentons-nous d'examiner quelles sont les influences exercées sur l'organisme, d'une part, par les *alternatives de jour et de nuit,* dont la cause réside dans la révolution complète que notre globe opère sur lui-même dans l'espace de vingt-quatre heures, et, d'autre part, par l'*action lunaire.*

Alternatives de jour et de nuit. — Vous savez, messieurs, que la durée des jours et des nuits varie dans les divers points du globe et dans le même lieu suivant les saisons, par suite de l'inclinaison de l'axe de la terre et de la rotation que celle-ci opère autour du soleil dans l'espace de 365 jours, 6 heures, 9 minutes et 10 secondes. Sous l'équateur, les nuits ont pendant toute l'année une durée de douze heures égale à celle des jours; vers les pôles, au contraire, il existe une inégalité très considérable. En hiver les nuits sont plus longues que les jours, tandis que le contraire a lieu en été, et vous savez qu'à Paris, par exemple, la durée du jour est de 9 heures 45 minutes en automne et en hiver, de 14 heures 30 minutes au printemps et en été. Cette durée variable des jours et des nuits exerce à son tour une influence importante sur la température et les autres conditions de l'air atmosphérique; mais l'étude de cette influence se rattache naturellement à celle de la thermologie, à celle des saisons et des climats. Nous devons rechercher seulement ici si les alternatives de jour et de nuit exercent par *elles-mêmes* une action appréciable sur l'état statique et dynamique de l'être vivant.

Il est plus difficile que vous ne le pensez probablement de répondre d'une manière rigoureuse à cette question. Dans tous les traités d'hygiène, en effet, vous trouvez attribuées à la nuit certaines modifications observées dans la digestion, la respiration, la circulation, les sécrétions, les fonctions cérébrales et génitales; mais si vous voulez bien remarquer que les observations ont été faites pendant le *sommeil*, le repos, la position horizontale, le séjour au lit, et qu'on n'a tenu compte d'aucune de ces circonstances, vous vous demanderez certainement avec moi s'il est possible d'attribuer exclusivement à la *nuit* des phénomènes qui se produisent sous l'influence complexe d'une réunion de modificateurs très divers. Pour résoudre ce problème, il faudrait pouvoir s'appuyer sur des expériences comparatives, faites d'une part pendant la nuit sur un homme en état de veille, et placé autant que possible dans des conditions analogues à celles qui se présentent pendant le jour, et d'autre part, pendant le jour, sur un homme endormi, et placé dans les conditions qu'on rencontre pendant la nuit. Or ces expériences comparatives n'ont pas été faites; et en tenant compte des observations que nous fournissent les habitudes de la société, dans laquelle on transforme si souvent la nuit en jour et réciproquement, nous sommes autorisés à croire que c'est au *sommeil* et à l'ensemble des modificateurs qui interviennent pendant la nuit qu'il faut rapporter, en grande partie, les modifications fonction-

2.

nelles que les auteurs ont attribuées à la nuit, et nous croyons dès lors devoir en renvoyer l'énumération et l'étude au chapitre dans lequel nous nous occuperons de ce modificateur dynamique.

Dans beaucoup de maladies aiguës et chroniques, le commencement de la nuit est accompagné d'un mouvement fébrile, d'une exacerbation plus ou moins prononcée; mais ces phénomènes ne sont-ils pas le résultat de l'action excitante des nombreux agents à l'influence desquels le malade a été plus ou moins soumis pendant le jour? Ne peut-on pas expliquer de la même manière la fréquence plus grande pendant la nuit des terminaisons funestes, fréquence d'ailleurs contestable, puisque les relevés de trente années à l'hôpital Saint-Pierre de Bruxelles ont montré à M. Quételet que sur 5,250 décès 2,471 seulement ont eu lieu de six heures du soir à six heures du matin (de six heures à minuit 1,074, de minuit à six heures du matin 1,397), tandis que 2,779 ont eu lieu de six heures du matin à six heures du soir (de six heures à midi 1,321, de midi à six heures 1,458).

Le plus grand nombre des accouchements a lieu pendant la nuit : cela tient-il à ce que la conception s'opère ordinairement pendant ce temps?

Action lunaire. — L'influence astronomique de la lune n'est guère mieux établie que celle des alternatives du jour et de la nuit.

Hippocrate considérait les Pléiades, Arcturus et Procyon, comme étant les astres prépondérants, et n'accordait à la lune qu'un rôle secondaire; Galien, au contraire, attribua à celle-ci l'influence la plus considérable, et c'est à la durée et à la succession de ses différentes phases qu'il rattacha sa doctrine des crises et les époques auxquelles se montrent les jours critiques, le septième, le quatorzième et le vingt-unième.

Mead, Hoffmann, Sauvages et même bon nombre de médecins contemporains pensent encore qu'il existe un certain rapport entre les phases de la lune et certains phénomènes physiologiques ou pathologiques.

Sanctorius prétend que l'homme en santé gagne une ou deux livres en poids au commencement du mois lunaire et qu'il les perd à la fin; mais les expériences sur lesquelles il appuie cette assertion ne sont pas concluantes et elles n'ont pas été confirmées depuis lui.

Selon Hippocrate, la conception s'effectue principalement à la pleine lune, et l'on a prétendu que les accouchements sont plus fréquents à la fin du décours de la lune qu'à toute autre époque de la lunaison; les registres de l'état civil ne viennent pas à l'appui de cette doctrine.

Beaucoup de personnes pensent encore que les époques menstruelles sont réglées sur la durée des révolutions lunaires; mais cet accord n'est pas exact, et qui ne sait d'ailleurs que le flux sanguin se manifeste chez telle femme à la nouvelle lune, chez une autre au premier quartier, chez une troisième le jour de l'opposition, et cela malgré l'identité d'âge et de constitution physique? Qui ne sait aussi qu'à la longue, chez le même individu, le phénomène finit par arriver à toutes les époques du mois lunaire?

L'influence de la lune sur les aliénés, sur les sujets atteints de maladies nerveuses compte un grand nombre de partisans. Faber rapporte qu'un fou devint furieux pendant une éclipse de lune; Mead parle d'un enfant qui éprouvait toujours des convulsions au moment de l'opposition; Pison, d'une paralysie ramenée tous les mois par la nouvelle lune; Menuret, d'une épilepsie dont les accès revenaient à la pleine lune; Bacon s'évanouissait pendant toutes les éclipses de lune et ne recouvrait ses sens qu'à mesure que l'astre revenait à la lumière. Ramazzini raconte que, pendant une fièvre épidémique qui régna en 1693, un grand nombre de malades périrent le 21 janvier au moment d'une éclipse de lune; Menuret va jusqu'à dire que la lune exerce une grande influence sur la marche des maladies cutanées, et en particulier de la teigne et de la gale, assertion contre laquelle pourraient protester, avec moi, tous les médecins qui ont fait une étude suivie des dermatoses.

On ne saurait, messieurs, mettre en doute la bonne foi des auteurs que nous venons de citer et leur opposer une dénégation absolue; mais en acceptant les faits qu'ils rapportent, ne faut-il point faire une part à la coïncidence et surtout à l'imagination? « Comment, dit M. Arago, ne serait-on pas tenté de faire en tout ceci une large part à l'imagination frappée des individus, lorsque nous trouvons qu'en août 1654 un grand nombre de personnes considérables s'enfermèrent, par ordonnance de médecin, dans des chambres bien closes, bien échauffées et bien parfumées, afin d'échapper aux mauvaises influences de l'éclipse de soleil qui arriva ce jour-là ? lorsque le judicieux Petit nous apprend, en outre, que les ecclésiastiques, tant la consternation était grande, ne pouvaient suffire à confesser tous les effrayés, ce qui, par parenthèse, contraignit le curé d'un village voisin de Paris à dire au prône que l'éclipse avait été remise à la quinzaine, et qu'on pouvait en toute assurance ne pas tant se presser! »

Olbers déclare que, pendant une longue pratique, il n'a jamais pu constater le moindre effet produit par l'influence lunaire; et M. Arago dit avec raison que si les coïncidences signalées par les auteurs n'avaient pas été fortuites, que si elles avaient tenu à une action réelle de la lune, on ne serait pas réduit à citer trois ou quatre cas saillants, mais qu'on en rapporterait par milliers.

Quoi qu'il en soit, vous trouverez probablement, messieurs, qu'il y a quelque difficulté à se prononcer sur ces faits médicaux considérés en eux-mêmes, et vous jugerez alors qu'il est intéressant de rechercher si la lune exerce une influence quelconque sur notre atmosphère. Or presque tous les astronomes, les physiciens et les météorologistes s'accordent pour affirmer que cette influence est complétement inappréciable. Mais cette doctrine est contredite par MM. Pilgram et Schübler, qui ont montré, par des observations continuées par celui-ci pendant vingt-huit ans, que la pluie tombe plus fréquemment vers le deuxième octant qu'à toute autre époque du mois lunaire, et que les moindres chances de pluie arrivent entre le dernier quartier et le quatrième octant; que les vents du sud et de l'ouest deviennent de plus en plus fréquents depuis la nouvelle lune jusqu'au deuxième octant, tandis que, pendant le dernier quartier, les vents du nord et de l'est soufflent plus souvent que jamais. M. Flaugergues, de son côté, nous apprend qu'il existe un rapport entre les phases lunaires et les hauteurs barométriques dont la moyenne est plus élevée ($755^{mm},73$) pendant le jour de l'apogée que pendant le jour du périgée ($754^{mm},73$). Enfin, vous connaissez tous l'influence très remarquable que la lune exerce sur la mer, où elle produit le flux et le reflux; on s'est demandé si elle n'aurait pas une action analogue sur notre atmosphère, et M. Arago répond affirmativement à cette question, sans qu'il nous soit possible d'apprécier l'influence des *marées atmosphériques* sur l'organisme.

De ces considérations, faut-il conclure que la lune peut, directement ou indirectement, exercer une influence quelconque sur les fonctions, sur la marche et le traitement des maladies ? Je vous répondrai, avec M. Arago, que cela n'est pas absolument impossible, mais que, jusqu'à présent, rien n'est venu le prouver d'une manière positive. Dans tous les cas, rappelez-vous, messieurs, que la lune ne saurait agir que par voie d'attraction, par la lumière qu'elle réfléchit, ou par des émanations obscures, électriques, magnétiques ou d'une nature encore inconnue.

b. *Des modificateurs physiques.*

L'idée de vie suppose constamment la corrélation nécessaire de deux éléments indispensables : un organisme approprié et un milieu convenable. C'est de l'action réciproque de ces deux éléments que résultent tous les divers phénomènes vitaux, et les esprits les plus adonnés à la philosophie théologique ou métaphysique sont obligés de reconnaître que les corps vivants sont soumis à l'empire des lois physiques. Mais il importe ici de tenir compte de la grande distinction de la vie en organique et en animale ; car, si tous les actes de la vie organique sont essentiellement physiques et chimiques ; il n'en est pas de même pour ceux de la vie animale, et particulièrement pour ceux qui concernent les fonctions nerveuses et cérébrales.

Les premiers sont donc susceptibles, par leur nature, d'un ordre plus parfait d'explication, et ce sont ceux que nous aurons principalement en vue dans l'étude que nous allons faire des modificateurs physiques, en regrettant que l'expérimentation physiologique basée sur les modifications introduites, à un point de vue déterminé, dans le système des circonstances extérieures, n'ait pas été mieux cultivée jusqu'à présent, puisque l'on doit reconnaître avec M. A. Comte que c'est elle qui est la mieux appropriée à la nature des phénomènes vitaux.

Cela posé, commençons l'étude des modificateurs physiques par celle de la *pesanteur*.

1° *De la pesanteur.*

La *pesanteur*, qu'il ne faut point, à l'exemple de quelques auteurs, confondre avec la *pression atmosphérique*, est cette force qui fait tomber tous les corps et qui exerce sur eux une action uniforme, lorsqu'aucune autre force ne lui est opposée; car vous savez que dans le vide la plume tombe avec la même vitesse que la balle de plomb ; ce qui ne veut pas dire, toutefois, que la force de la pesanteur soit partout et toujours la même; car vous savez aussi qu'elle est liée à la configuration du globe terrestre, que son intensité, égale pour tous les corps dans le même lieu, varie d'un lieu à un autre, de sorte que vers les pôles les corps tombent plus vite que sous l'équateur; enfin, que son intensité est en raison inverse du carré des distances.

Après la mort, l'homme rentre sous l'empire exclusif des lois qui régissent la matière inorganique, et l'on voit tous les liquides de l'économie, n'obéissant plus qu'à la force de la pesanteur, se porter vers les parties les plus déclives du cadavre. Mais l'homme vivant, et non envisagé à titre de poids ou de projectile, est-il également soumis à cette force? La réponse n'est pas douteuse, et il est facile de voir que, conformément à la théorie fondamentale de l'équilibre et du mouvement, le plus entier développement de l'activité vitale ne saurait un seul instant soustraire l'homme à la loi de la pesanteur, qui participe à la production générale des phénomènes vitaux, auxquels elle est tantôt favorable, tantôt contraire, et presque jamais indifférente.

Tous vous connaissez les effets du décubitus sur la fatigue musculaire, la circulation, la respiration; ses avantages, ses inconvénients, et vous trouvez là une première preuve de l'influence de la pesanteur sur l'homme vivant; mais il est, en outre, des expériences vulgaires qui mettent cette influence bien plus en relief encore, et j'ai à peine besoin de vous les rappeler.

Si le membre supérieur reste longtemps pendant le long du corps, l'afflux et la stagnation du sang y produisent le gonflement des vaisseaux, la rougeur de la peau et une augmentation de volume très appréciable. Si, au contraire, le membre reste élevé perpendiculairement, les vaisseaux s'effacent, le tégument pâlit, le volume du membre diminue; et si la position se prolonge, il survient, ainsi que l'a indiqué M. Giraldès, un engourdissement, un fourmillement analogue à celui que produit la compression d'un tronc nerveux, et qu'il faut attribuer, dans cette circonstance, à la diminution de l'afflux sanguin nécessaire à l'accomplissement des phénomènes d'innervation. Vous connaissez aussi la congestion sanguine qui se produit dans l'extrémité céphalique des saltimbanques qui se placent la tête en bas et les pieds en l'air, congestion qui leur ferait courir de sérieux dangers si cette attitude était prolongée au delà de quelques secondes.

Les intéressantes recherches de M. Piorry prouvent que dans certains cas la syncope se produit lorsque le corps est debout, tandis qu'elle cesse sous l'influence de la position horizontale; et de là découle l'indication de placer dans cette position les sujets auxquels on va pratiquer une opération chirurgicale grave, ou même une simple phlébotomie; de là aussi le danger d'appliquer les agents anesthésiques à un individu placé dans une position assise.

Enfin, vous savez que l'urine dans la vessie, que la sérosité épanchée dans le péritoine ou la plèvre, obéissent à la loi de la pesanteur, occupent constamment la partie la plus déclive et changent par conséquent de place avec la position que l'on donne au corps, circonstance dont on a tiré un parti très utile pour le diagnostic des épanchements pleurétiques et de l'ascite.

Or, en tenant compte des différentes manières dont se comportent les liquides de l'économie, on voit que les uns, tels que l'urine, la sérosité épanchée dans les cavités séreuses ou le tissu cellulaire, obéissent exclusivement à la *force physique* de la pesanteur, tandis que les autres sont soumis en même temps à une *force vitale*, qui vient à divers degrés modifier la force physique, c'est-à-dire l'augmenter, l'affaiblir, l'anéantir, ou même lui substituer une force agissant dans un sens directement opposé. La circulation du sang présente tous les degrés et toutes les formes de ces diverses modifications.

Après vous avoir brièvement résumé cette partie physique et physiologique de la question, nous devons rechercher quelles sont les influences morbifiques ou curatives qui ressortent des modifications subies par la force de la pesanteur, modifications qui se traduisent par une augmentation ou par une diminution dans l'intensité ou la durée d'action de cette force.

Augmentation de la force de la pesanteur. — Les effets de la pesanteur peuvent être accrus 1° par la *déclivité*, 2° par un affaiblissement de la force vitale antagoniste de celle de la pesanteur, force vitale qui réside dans la contractilité propre des vaisseaux capillaires.

Influence de la position, de l'attitude, de la déclivité. — Chez l'homme en santé la *déclivité* devient souvent la cause prédisposante ou déterminante de divers phénomènes plus ou moins importants. M. Isidore Bourdon a observé sur lui-même que, sous l'influence du décubitus latéral droit ou gauche, la membrane pituitaire du côté correspondant se gonflait au point d'amener l'occlusion presque complète de la narine et une gêne croissante de la respiration. C'est à l'habitude du décubitus latéral droit pendant la nuit que MM. Is. Bourdon et Piorry attribuent la plus grande fréquence de ce côté de l'épistaxis, de la pneumonie, de l'hémorrhagie cérébrale, de l'ophthalmie. C'est à l'action de la déclivité qu'il faut rattacher la fréquence de l'orchite, de l'engorgement et des déplacements de la matrice, et même, suivant M. Gerdy, des ulcérations et des écoulements puriformes du col utérin. Mais, objecte-t-on, la force de la pesanteur exerce la même action sur les femmes des villes et sur celles de la campagne, et cependant les affections utérines sont aussi rares chez celles-ci qu'elles sont fréquentes chez celles-là ; la pesanteur n'y est donc pour rien. Il est facile de répondre à cette objection. Sans doute la force de la pesanteur est la même dans les deux cas; mais les femmes de la campagne lui opposent une force antagoniste énergique, incessamment mise en jeu par l'exercice musculaire, lequel a pour effet d'activer la circulation, d'augmenter l'impulsion du cœur, et surtout de stimuler la contractilité des vaisseaux capillaires, tandis que l'inaction, l'inertie musculaire, auxquelles se condamnent les femmes du monde, rompent l'équilibre en réduisant cette force antagoniste à son minimum.

Le premier effet de la *déclivité* est donc de donner lieu à une congestion, à une stase sanguine qui, du côté de la tête, amène de la céphalalgie, des étourdissements, des éblouissements, des tintements d'oreilles, ou même une hémorrhagie de surface ou interstitielle. Du côté de la poitrine on observe des congestions sanguines du poumon qui ont été décrites avec soin par Bayle, Béclard, M. Chomel, et surtout par M. Piorry sous le nom de pneumohémie hypostatique; vous savez combien elles se produisent fréquemment pendant l'agonie ou dans le cours des fièvres graves ainsi que des maladies de longue durée, pendant lesquelles les sujets, et surtout les vieillards, affectent le décubitus dorsal. Cas dans lesquels, à la vérité, la plus grande part d'action appartient à la diminution survenue dans la force vitale antagoniste dont nous avons parlé, et sur le compte de laquelle nous reviendrons tout à l'heure avec détails. A l'abdomen se montrent les hémorrhoïdes, le varicocèle, et surtout l'engorgement congestif de l'utérus, contre lequel beaucoup de médecins, suivant encore les errements de Lisfranc, prescrivent le repos absolu, l'inertie musculaire et la position horizontale, sans vouloir reconnaître ce que la théorie et l'observation ont mis depuis longtemps hors de doute, à savoir : que ce traitement est le meilleur moyen d'éterniser le mal, sinon d'en augmenter les progrès. Aux membres inférieurs on observe les varices et les ulcères. « La cause déterminante la plus commune des ulcères, dit M. Gerdy, c'est une violence extérieure ; mais celle-ci serait insuffisante pour produire une solution de continuité sans tendance à la guérison, et il faut toujours celle d'une situation déclive ou de l'action de la pesanteur pour que la lésion devienne un ulcère. »

M. Velpeau a indiqué comment la disposition du tissu cellulaire et des aponévroses modifie la marche des ecchymoses ; mais M. Gerdy a prouvé qu'il faut également tenir compte de l'influence de la pesanteur. Si l'épanchement sanguin se fait dans un lieu élevé, le sang descend plus ou moins bas, suivant la laxité du tissu cellulaire, par imbibition et de proche en proche, et l'ecchymose se montre partout où il s'arrête, la couleur en étant plus foncée dans les lieux les plus bas que dans les autres et même qu'à la source même de l'épanchement, parce que c'est là que la matière colorante du sang se dépose avec le plus d'abondance. Si après la contusion le malade se couche immédiatement, l'ecchymose change de direction et gagne au contraire les parties supérieures. Il en est de même pour les infiltrations de pus, d'urine, etc.

L'influence de la déclivité est fort grande sur les hémorrhagies, et M. Piorry cite le cas d'une hémorrhagie de l'arcade palmaire profonde qui fut arrêtée par la seule élévation du bras. Je n'ai pas besoin de vous rappeler les effets de la position sur les hémorrhagies utérines. « La métrorrhagie, dit M. Piorry, n'est point mortelle lorsque la tête est placée plus bas que l'utérus. »

M. Gerdy croit que, par une élévation suffisamment prolongée des membres, on finirait par guérir les ulcères et les varices, et Hunter assure avoir obtenu la guérison d'un anévrisme variqueux du pli du bras en conseillant au malade, qui était cordonnier, d'embrasser la profession de perruquier, afin que son membre fut habituellement élevé.

Dans les phlegmasies, et principalement dans celles des membres, dans l'érysipèle, le phlegmon, le panaris, la déclivité favorise les progrès du mal et le développement de la suppuration, tandis que la position élevée suffit souvent à elle seule pour amener la résolution. MM. Piorry et Gerdy ont cité de nombreux faits à l'appui de cette assertion. « La situation déclive d'une partie, dit M. Gerdy, aggrave tellement les lésions physiques les plus légères, les contusions, les écorchures, les piqûres d'aiguille, d'épingle, de lancette au pli du bras, aux doigts, aux veines des malléoles, les coupures des cors aux pieds en les compliquant d'inflammations érysipélateuses ou phlegmoneuses, de lymphite, de phlébite, que nous croyons rendre un service immense à la science et à l'humanité en mettant cette importante vérité dans tout son jour. »

Vous savez que les ouvertures, les fistules spontanées se forment ordinairement à la partie la plus déclive des abcès, et qu'ici le chirurgien doit imiter la nature lorsqu'il pratique des ouvertures où des contre-ouvertures artificielles.

La pesanteur favorise le développement de l'œdème, dont on fait pour ainsi dire varier le siége à volonté, suivant la position que l'on donne au malade; il faut même à cet égard user de certaines précautions, car souvent en faisant disparaître l'œdème des membres inférieurs on produit du côté de l'encéphale, de la poitrine ou de l'abdomen des accidents qui obligent à replacer les membres dans une position déclive. La position élevée des membres est une des premières indications qu'il faut remplir dans le traitement de la *phlegmasia alba dolens*. L'action de la pesanteur se fait même sentir sur les hydropisies proprement dites, et M. Gerdy a vu des hydarthroses et des épanchements consécutifs à l'opération de l'hydrocèle par injection persister, parce que les malades se levaient et marchaient, tandis que la position horizontale et le repos absolu les ont fait rapidement disparaître.

Blandin a tiré parti de la position élevée des membres pour éviter les accidents produits par l'application d'un bandage serré.

Enfin, la position n'agit pas exclusivement sur les liquides; vous connaissez son influence sur les tumeurs, sur la réduction et le développement de l'abaissement et du prolapsus de la matrice, de la chute du rectum, des hernies, que M. Malgaigne a trouvées appartenir 187 fois sur 247 à des sujets travaillant habituellement debout. C'est à la pesanteur que l'on attribue, en partie, la non-réascension du cristallin après l'opération de la cataracte par abaissement, et elle intervient également dans la marche des calculs, des corps étrangers introduits dans l'œsophage, dans la trachée artère, dans le tissu cellulaire, les muscles, les viscères, etc.

Il résulte des considérations qui précèdent que la force de la pesanteur, lorsque son intensité est favorisée par la déclivité, produit ordinairement sur l'économie des effets fâcheux et souvent des accidents graves liés principalement au développement de congestions sanguines chroniques et d'inflammations érysipélateuses ou phlegmoneuses. L'hygiéniste doit donc combattre dans certains cas les effets de la pesanteur par l'attitude ou la position élevée, en se rappelant que l'usage de ce moyen ne doit pas être trop prolongé, surtout dans les cas d'épanchements séreux ou lorsqu'on l'applique à une partie du corps prédisposée à la gangrène, à un individu dont la vitalité est considérablement affaiblie.

Influence de l'affaiblissement de la force vitale antagoniste. — Nous venons, messieurs, d'étudier les effets de la pesanteur considérée dans sa force effective et dans ses rapports avec la position, c'est-à-dire exclusivement au point de vue de la physique; il nous reste encore à l'envisager au point de vue vital, c'est-à-dire dans ses rapports avec la force organique antagoniste dont nous vous avons parlé, et nous appelons d'autant plus votre attention sur cette seconde partie de la question qu'elle a une grande importance pratique, et qu'elle a été complétement passée sous silence aussi bien par les hygiénistes que par les pathologistes. Comment se fait-il qu'après avoir constaté les effets produits pendant l'agonie par l'anéantissement de la force antagoniste l'on n'ait pas entrevu que, pendant la vie, un affaiblissement moins considérable mais continu et prolongé de cette force pouvait et devait amener des accidents plus ou moins graves?

Et en effet, messieurs, si vous voulez observer attentivement ce qui se passe chez les individus dont la force antagoniste de la pesanteur est originairement ou accidentellement peu énergique, chez les individus dont la contractilité des vaisseaux capillaires est languissante par suite d'une circulation peu active, d'un sang pauvre en globules, vous verrez qu'on observe des phénomènes complétement analogues à ceux que nous vous avons énumérés comme pouvant être produits par la position déclive. C'est de cette façon que s'expliquent chez les sujets très lymphatiques la fréquence des engelures, des érysipèles, des engorgements et des phlegmasies chroniques, la difficulté de la résolution, la tendance à la suppuration, à l'induration ; c'est de cette manière que vous pouvez vous rendre compte des engorgements utérins, des congestions hépatiques, spléniques, abdominales que l'on rencontre si souvent chez les sujets faibles, débiles, anémiques, cachectiques ; c'est à cette cause qu'il faut rattacher une foule de maladies chroniques sur le compte desquelles nous aurons occasion de revenir lorsque nous nous occuperons de certains modificateurs individuels, tels que le tempérament, la circulation, le sang, etc. Enfin, c'est encore à l'affaiblissement de la force vitale antagoniste qu'il faut attribuer, en grande partie, la pneumohémie hypostatique et les eschares gangréneuses du sacrum que l'on rencontre si souvent chez les vieillards et chez les sujets atteints de fièvre grave.

Si M. Gerdy peut dire avec raison qu'il a rendu un service éminent à la science et à l'humanité en signalant les phénomènes produits par l'action de la pesanteur aidée de la position déclive, je crois, messieurs, faire une chose non moins utile en appelant votre attention sur les phénomènes tout aussi graves produits par la rupture du rapport qui doit exister entre la force physique de la pesanteur et la force vitale antagoniste, et si vous voulez vous placer à ce point de vue pour étudier la pathogénie d'un grand nombre de maladies, vous ne tarderez pas à reconnaître de quelle importance sont les considérations que je viens de vous présenter pour la prophylaxie et la curation de ces affections.

Il résulte de ceci que l'hygiëniste doit toujours tenir compte du mode d'activité de la force vitale, antagoniste de celle de la pesanteur ; qu'il doit la développer lorsque, comme chez les sujets lymphatiques, par exemple, elle est originairement trop faible, et qu'il doit lui rendre son énergie première lorsque, par une cause quelconque, elle a été affaiblie, ainsi que cela a lieu chez les sujets très âgés, anémiés, débilités, cachectiques, etc. Dans l'un et l'autre cas, les moyens les plus sûrs pour obtenir ce résultat sont fournis par l'hygiène; l'alimentation, l'exercice musculaire, la gymnastique, les applications extérieures d'eau froide faites d'après des principes que nous développerons plus tard, sont les modificateurs les plus sûrement et les plus promptement efficaces auxquels il puisse avoir recours.

Diminution de la force de la pesanteur. — La position, les divers degrés d'*élévation* permettent de diminuer plus ou moins l'action de la pesanteur sur une partie donnée du corps, et même de l'anéantir complétement. Nous avons vu les avantages que présente dans un grand nombre de cas l'emploi méthodique et rationnel de l'*élévation;* nous devons seulement ajouter ici qu'une position élevée trop considérable et trop prolongée n'est pas sans inconvénients. Si le membre supérieur, par exemple, y était maintenu pendant longtemps, la nutrition ne tarderait pas à être profondément modifiée, et l'on verrait se produire une atrophie plus ou moins considérable accompagnée d'une inertie de la circulation, de l'innervation et d'un abaissement de la température. L'élévation doit donc être employée avec prudence, avec modération, et il ne faut pas, en général, l'appliquer à des parties dont la vitalité, loin d'être exagérée, est au contraire trop languissante.

Bibliographie.

A. Comte. *Cours de philosophie positive*, t. III, p. 391 et suiv.

Arago. La lune exerce-t-elle sur notre atmosphère une influence appréciable? In *Annuaire du bureau des longitudes pour l'année* 1833. Paris, 1832, p. 157.

Is. Bourdon. *De l'influence de la pesanteur sur quelques phénomènes de la vie*. Paris, 1823.

Piorry. *Mémoire sur la pneumonie hypostatique, — sur l'érysipèle*. In *Gazette Médicale*, 1833. — *De l'influence de la pesanteur sur la circulation*. Paris, 1835. — *Traité de Médecine*. Paris, 1847, t. III, p. 294.

Gerdy jeune. *De l'influence de la pesanteur sur la circulation*, etc. In *Arch. génér. de Méd.*, 1833, t. III, p. 553.

DUPUY. *De l'élévation des parties malades dans le traitement de quelques affections chirurgicales.* In *Arch. génér. de Méd.*, 1846, t. XII, p. 295.

GUÉRIN (de Vannes). *De l'influence de la pesanteur sur le développement et sur le traitement des maladies chirurgicales.* Thèse de concours pour l'agrégation en chirurgie. Paris, 1847.

P.-N. GERDY. *Pathologie générale médico-chirurgicale.* Paris, 1851, p. 257.

L. FLEURY. *De l'emploi des douches froides excitantes contre le tempérament lymphatique, la chlorose et l'anémie.* In *Archives génér. de Méd.*, 1851, t. XXV, p. 67 et 180.

NÉLATON. *De l'influence de la position dans les maladies chirurgicales.* Paris, 1851. Thèse pour le concours de clinique chirurgicale.

TROISIÈME LEÇON.

2° DE L'AIR ATMOSPHÉRIQUE.

L'air atmosphérique est, suivant les expressions de M. Dumas, ce cercle éternel dans lequel la vie s'agite et se meut sans que la matière y fasse autre chose que changer de place. Condition fondamentale de l'existence des êtres organisés, lien qui en unit les deux formes, vaste réservoir où les végétaux puisent l'acide carbonique et l'azote, tandis que les animaux y trouvent l'oxygène dont ils ont besoin, l'air atmosphérique est le modificateur le plus général, le plus puissant dont la physiologie et l'hygiène aient à s'occuper. *Aer pabulum vitæ*, disaient les anciens; *tel air, tel sang*, dit Ramazzini, et, en effet, si l'air est le *sine quâ non* de la vie, il renferme aussi en lui les conditions les plus importantes de la santé, les causes les plus nombreuses et les plus énergiques des maladies. C'est vous dire que son histoire tiendra une large place dans ce cours.

L'air atmosphérique agit sur l'être vivant par la *pression* qu'il exerce sur lui, par sa *température*, par son *électricité*, par son *état hygrométrique*, par le *son* auquel il donne passage, et enfin par sa *composition chimique;* il faut étudier séparément chacun de ces agents.

De la pression atmosphérique.

Vous savez, messieurs, que l'air atmosphérique est un corps pesant dont la pesanteur spécifique varie suivant l'intensité de la pression et le degré de la température; qu'à 0° et à la pression barométrique moyenne de 760 millimètres, un litre d'air pèse environ 1 gramme, ou plus exactement 1,3 gr.; enfin, que l'atmosphère terrestre est composée de couches d'air superposées dont la hauteur totale a été évaluée à 15 ou 16 lieues par la plupart des auteurs, à 10 lieues de 2,280 toises chacune par M. Péclet, et à 100 kilomètres par M. Pouillet.

Or, le degré de pression atmosphérique étant la mesure du poids de l'atmosphère qui est superposée à un corps quelconque, et ce poids variant avec la température, avec l'état de raréfaction ou de condensation de l'air, avec l'étendue des couches atmosphériques, il en résulte que la pression atmosphérique ne saurait être partout et toujours la même, et elle subit, en effet, des variations diurnes et des différences corrélatives à la latitude, à la longitude, à la hauteur à laquelle on s'élève dans l'atmosphère et à la profondeur à laquelle on s'enfonce sous le sol.

Les *variations diurnes* de la pression atmosphérique sont pour ainsi dire incessantes, et dépendent de la position géographique du lieu; près de l'équateur, les différences entre le maximum et le minimum sont très grandes, et un seul jour d'observation suffit pour constater l'existence des oscillations; il n'en est pas de même dans les latitudes élevées, où non-seulement la variation diurne est moindre, mais encore où elle est marquée par des oscillations irrégulières. Cependant, en tenant compte d'un grand nombre d'observations faites pendant de longues années entre l'équateur et le 60° de latitude nord, Kaemtz a établi que les variations diurnes de la pression atmosphérique présentent deux minima: l'un à 3 h. 45' du matin, l'autre à 4 h. 5' du soir; et deux maxima: l'un à 9 h. 37' du matin, l'autre à 10 h. 11' du soir (*heures tropiques*). La pression moyenne diurne est donnée par la hauteur du baromètre entre midi et 1 heure; elle est, pour Paris, de 756 millim.; elle varie suivant la latitude et l'élévation au-dessus du niveau de la mer; mais comme les différences, ainsi que vous pourrez le voir dans l'ouvrage de Kaemtz, ne s'élèvent pas au-dessus de 2 à 3 millim., nous sommes pleinement en droit de ne pas en tenir compte ici.

La considération de la *latitude* nous montre que la pression moyenne va en augmentant depuis le 60° sud jusqu'au 25°; qu'elle va ensuite en diminuant jusqu'à l'équateur, où elle est au minimum, et qu'elle augmente de nouveau jusqu'à la limite boréale des vents alisés, de telle sorte qu'au cap Horn la hauteur barométrique moyenne est de 12 millimètres moins élevée que sur le grand Océan. La considération de la *longitude* nous montre qu'à latitudes égales la hauteur barométrique moyenne est plus élevée de 3 millimètres sur l'océan Atlantique que sur la mer Pacifique, et je n'ai pas besoin de vous dire que ces différences de pression sont, comme les variations diurnes, si peu considérables, qu'elles peuvent être négligées par l'hygiéniste sans inconvénient.

Les variations régulières du baromètre sont dues à l'inégal échauffement de l'air par suite de l'action calorifique du soleil, car on a constaté qu'il existe une espèce d'antagonisme entre le baromètre et le thermomètre, celui-ci baissant lorsque celui-là monte, et *vice versa*.

La moyenne barométrique mensuelle est plus forte en été qu'en hiver, en raison de l'échauffement des masses d'air dans les diverses localités, et on peut en conclure que l'air s'écoule vers les régions les plus froides. Aux équinoxes, lorsque la température est à peu près égale à la moyenne annuelle, on a la pression barométrique moyenne de l'année; le soleil s'avance-t-il vers l'hémisphère boréal, celui-ci s'échauffe, l'autre se refroidit, et la pression augmente dans ce dernier, tandis qu'elle diminue dans le premier, c'est-à-dire que le baromètre se tient plus bas dans les pays où règne l'été, et plus haut dans ceux où règne l'hiver.

En tenant compte des oscillations mensuelles et moyennes du baromètre dans les différents points du globe, on arrive à former des lignes isobarométriques importantes à considérer, car ce ne sera qu'à la suite d'études approfondies sur tous les changements de l'atmosphère que l'on pourra lier entre eux les phénomènes de déplacement des masses gazeuses à la surface du sol, et dans les diverses saisons.

Enfin les vents exercent une action remarquable sur le baromètre, et l'on a constaté que celui-ci est très haut lorsque le vent souffle entre l'est et le nord, c'est-à-dire lorsqu'il vient des continents, tandis que le baromètre est très bas lorsque le vent souffle entre le sud et l'ouest, c'est-à-dire lorsqu'il vient de la mer.

L'*altitude* exerce une influence considérable et fort importante à étudier. Jusqu'à une certaine hauteur, la pression diminue de 1 millimètre par 10 mètres d'élévation; au delà de cette limite, le poids spécifique de l'air est notablement modifié et l'on ne peut plus établir de loi; nous savons seulement qu'à 5,000 mètres d'élévation la pression n'est plus que de 425 millimètres et qu'à 6,977 mètres M. Gay-Lussac l'a trouvée réduite à 329 millimètres. Vous savez d'ailleurs qu'à l'aide de certains appareils, tels que la machine pneumatique ou les ventouses, on peut diminuer la pression à volonté et la réduire à peu près à 0 en opérant le vide.

La *profondeur* augmente évidemment la pression atmosphérique; mais je ne sache pas que des recherches barométriques et physiologiques exactes aient été faites soit dans les mines, soit dans les puits; ce n'est que dans des appareils condensateurs, où l'on est arrivé à soumettre l'être vivant à des pressions de deux, trois ou quatre atmosphères, que l'on a observé avec soin les phénomènes produits, et l'on comprendra qu'il ne pouvait pas en être autrement si l'on se rappelle que dans les mines les plus profondes la pression atmosphérique n'augmente que de un septième, en raison de la raréfaction opérée par l'élévation de la température.

Si l'on applique ces données aux effets de la pression atmosphérique sur l'homme vivant, on voit qu'à Paris, et à la pression moyenne de 756 millimètres, le poids de l'atmosphère est de 1,028 grammes par centimètre carré de surface; or, le corps humain ayant en moyenne 17,500 centimètres carrés de surface, il en résulte qu'il supporte un poids de 17,990 kilogrammes. Mais la pression s'opère dans tous les sens, et, l'air pénétrant dans les poumons et dans le tube digestif, l'équilibre s'établit quant à ces cavités, et il persiste même lorsque l'on permet à l'air de s'introduire dans la plèvre: d'où il faut conclure, avec M. Bérard, que, si le poumon diminue de volume dans cette circonstance, ce phénomène est dû, non à une plus forte pression de dehors en dedans, mais à une propriété rétractile de l'organe. A l'égard des membres, l'équilibre ne peut s'établir qu'en raison de pressions équivalentes exercées de dedans en dehors par les vapeurs et les gaz qu'ils contiennent; or, comme à la température du corps humain la tension des vapeurs est très faible, il faut en conclure que l'équilibre est dû aux gaz, c'est-à-dire à l'oxygène, à l'acide carbonique et à l'azote que contient le sang à l'état de simple dissolution.

Nous n'avons pas à entrer ici dans toutes les considérations physiologiques qui se rattachent aux effets de la pression atmosphérique sur l'organisme humain; nous ne nous occuperons point de l'*aspiration veineuse* qui se produit pendant l'inspiration, et qui a été étudiée par Haller, MM. Barry, Magendie, Poiseuille et Bérard; mais nous vous rappellerons l'expérience de Weber, répétée tous les ans par M. Gavarret dans son cours de physique, et qui montre, d'une part, que la pression exercée par l'atmosphère sur la tête du fémur est suffisante pour faire équilibre au poids du membre inférieur ; et, d'autre part, que c'est la pression atmosphérique qui maintient la cavité cotyloïde et la tête du fémur dans les rapports que vous connaissez.

Examinons maintenant quels sont, quant à l'homme, les effets corrélatifs aux variations de la pression atmosphérique.

Il est évident tout d'abord que l'homme supporte des variations de pression comprises entre des limites assez étendues, sans que son état statique ou dynamique en soit modifié d'une manière appréciable. Ainsi, sans parler des variations diurnes ou de celles corrélatives à la latitude et à la longitude, nous voyons qu'aux bords de la mer la pression moyenne étant de 760 millimètres, chaque centimètre carré superficiel du corps humain supporte un poids de 1,033 grammes, tandis qu'à Paris la pression étant de 756 millimètres, le poids est de 1,028 ; à Mexico, la pression étant de 583 millimètres, le poids est de 793 ; à Quito, une pression de 553 millimètres réduit le poids à 752 grammes ; enfin la pression n'étant plus que de 470 millimètres à Antisana, c'est-à-dire à 4,101 mètres au-dessus du niveau de la mer, le poids n'est plus que de 639 grammes. Dans toutes ces conditions, les gaz du sang se mettent en équilibre avec la pression extérieure, et il ne se produit aucun phénomène particulier appréciable. On voit également des hommes habiter des vallées très profondes, ou passer une grande partie de leur vie dans des mines placées à une distance considérable du sol sans présenter aucune modification sensible dans leur état organique et fonctionnel.

C'est donc en dehors de ces limites, et quant aux variations accidentelles, *brusques*, et très considérables, que nous devons étudier l'influence exercée soit par la *diminution*, soit par l'*augmentation* de la pression atmosphérique.

Diminution de la pression atmosphérique. — Au mois de décembre 1747, le baromètre ayant baissé de 35 millimètres en deux jours, on observa, au rapport de Duhamel, un grand nombre de morts subites. On comprend, en effet, que la pression atmosphérique diminuant *brusquement et considérablement* les gaz du sang doivent tendre à se dégager, exercer sur les capillaires pulmonaires et généraux une pression énergique de dedans en dehors, distendre les vaisseaux et même en déterminer la rupture, d'où des hémorrhagies de surface ou interstitielles pouvant devenir mortelles. Est-ce ainsi que se sont produites les morts subites dont parle Duhamel? Nous ne sommes pas en mesure de l'affirmer. Retz assure que pendant vingt ans il a vu dans les Pays-Bas les excès de légèreté de l'atmosphère coïncider avec des apoplexies, des épilepsies, des morts subites; mais existait-il une relation de cause à effet entre les deux phénomènes?

Les ascensions aérostatiques n'ont pas fourni à la science les données qu'on était en droit d'attendre d'elles. Nous savons seulement qu'à 6,977 mètres, Gay-Lussac et Biot ont noté l'accélération du pouls et de la respiration laquelle était gênée, et que des phénomènes analogues ont été constatés par plusieurs autres observateurs.

On a recherché l'influence exercée par la diminution de la pression atmosphérique dans les effets qui se produisent pendant l'ascension des hautes montagnes; mais vous allez voir qu'ici les phénomènes sont complexes, et qu'en général on a attribué à une cause unique ce qui, en réalité, appartient à la réunion de plusieurs modificateurs.

Les données que nous possédons sur les effets produits par l'ascension des hautes montagnes nous sont principalement fournies par Saussure, Clissold, Barry, Rohrdoff, Zumstein et Lepileur, qui ont gravi le Mont-Blanc; par Humboldt, Boussingault et Hall, qui ont gravi le Chimborazo; par Moorcroft et Fraser, qui se sont élevés sur l'Himalaya; et enfin par d'Orbigny, qui a parcouru les Cordillières du haut Pérou. Les relations de ces différents voyageurs établissent d'abord d'une manière générale que les phénomènes qui caractérisent le *mal des montagnes* augmentent d'intensité avec l'altitude, et qu'ils se manifestent au niveau des neiges perpétuelles, *quelle que soit la hauteur absolue de celles-ci;* que la gravité des accidents varie suivant les individus, Saussure ayant vu certains voyageurs être péniblement affectés à 1,600 mètres, tandis que d'autres ne l'étaient qu'à 2,128, 2,966 ou 3,100 mètres, et que les sujets acclimatés, les habitants des montagnes résistaient jusqu'à 3,970 mètres: « Les phénomènes, dit M. de Humboldt, sont bien dissemblables, suivant l'âge, la constitution, la finesse de la peau, les efforts antérieurs de force musculaire, » etc.

Voyons maintenant comment se comportent les divers appareils.

Digestion. — Tous les auteurs ont noté l'anorexie, le dégoût pour la viande et une soif plus ou moins vive. Le vomissement a eu lieu quelquefois, et M. Maissiat pense qu'il est dû au refoulement de l'estomac, opéré par la dilatation des gaz intestinaux.

Respiration. — La respiration est gênée, laborieuse. Saussure, parvenu à 4,750 mètres, éprouvait une dyspnée extrême au moindre mouvement, à la plus légère contention d'esprit; à 4,560 mètres, M. Lepileur ne respirait pas plus que s'il avait été sous l'eau, et éprouvait l'anxiété de l'asphyxie, mais il faisait un vent très vif et un froid extrême. La plupart des voyageurs disent que la respiration est accélérée; tandis que, suivant M. Lepileur, elle devient moins fréquente : ainsi, la fréquence de la respiration étant, à Paris, de 10,69, ne fut plus, à Chamounix, que de 10,33; celle de M. Martins étant de 13,33 à Paris, descendit à 13 à Chamounix. Nous reviendrons plus loin sur ce fait.

Circulation. — La plupart des voyageurs ont éprouvé des vertiges, des palpitations, des battements dans les carotides, une sensation de plénitude des vaisseaux; Moorcroft a ressenti une congestion cérébrale qui l'a obligé à se jeter par terre; la face est parfois cyanosée, mais le froid paraît être la principale cause de ce phénomène. Le pouls est constamment accéléré en raison directe de l'altitude, et M. Lepileur a fait à cet égard des recherches précises que le tableau suivant va vous faire connaître :

Elévation. . . .	802 mètr.	1050	2019	3046	3911	4811
Fréq. du pouls.	69	— 71	»	»	»	82
—	»	— 68,14	»	»	72,70	»
—	»	— 57,60	82,90	»	87	»
—	»	— 61,50	»	92,33	92,92	88,20
—	»	— 63,12	84,36	»	89,08	94,40
—	»	— 77,75	101,70	»	105,25	117,83
—	»	— 69,22	86,60	»	100,10	111

Une opinion à peu près générale considère les hémorrhagies comme très fréquentes; cependant, en compulsant avec soin les différentes relations, on ne rencontre qu'un bien petit nombre de cas d'épistaxis et de saignement des gencives, que, selon M. Lepileur, il faut attribuer à des gerçures produites par le froid, le vent, la sécheresse de l'air, et peut-être aussi à des congestions déterminées par les efforts musculaires et la réverbération du soleil par les neiges. On ne trouve qu'un ou deux cas d'hémoptysie survenue chez des sujets dont les organes de la respiration et de la circulation n'étaient probablement pas sains.

Innervation. — Plusieurs voyageurs ont éprouvé une céphalalgie très douloureuse ; la somnolence est fréquente ; à 4,300 mètres, Zumstein éprouva une envie de dormir irrésistible ; à 4,100 mètres, M. Lepileur dormait en marchant. Les sens sont émoussés, la mémoire est affaiblie ; on s'abandonne facilement à l'impatience, à la colère, au découragement, à la prostration morale.

Musculation. — Les phénomènes les plus remarquables se montrent du côté du système musculaire. Des douleurs plus ou moins intenses se font souvent sentir dans les genoux, dans les jambes, et Fraser y éprouva un tremblement très incommode; la marche est pénible, fatigante et amène un épuisement rapide et total des forces; de 2,700 à 2,900 mètres, Saussure était obligé de se reposer après avoir fait 150 ou 200 pas; à 3,076 mètres, le repos devint nécessaire après 40 ou 50 pas; à 4,750 mètres, après 15 ou 16 pas. MM. Boussingault et Hall étaient obligés de s'asseoir après avoir fait 3 ou 4 pas. A 4,450 mètres, M. Lepileur ne pouvait marcher que la tête basse et le menton touchant presque le sternum.

Tels sont, messieurs, les phénomènes qui caractérisent le *mal des montagnes* et dont il nous reste à rechercher la véritable cause.

La raréfaction de l'air, la diminution de la pression atmosphérique sont considérées par la plupart des auteurs comme la cause de tous les accidents. Saussure les attribue au relâchement des vaisseaux produit par la diminution de la force comprimante de l'air et à l'accélération forcée de la respiration dans un air plus rare, à laquelle il rattache la fatigue et les angoisses que l'on éprouve à de grandes hauteurs.

M. Pravaz explique l'anhélation de la manière suivante : A une grande élévation, l'élasticité de l'air diminue des deux cinquièmes ou même de moitié; elle devient alors *inférieure* à la réaction du poumon, de telle sorte que celui-ci ne se développe plus qu'imparfaitement pendant l'inspiration. Messieurs, si l'élasticité de l'air devenait *inférieure* à la réaction du poumon, la mort par asphyxie ne tarderait pas à se produire; mais il est facile de prouver que, la pression de dehors en dedans diminuant autant que la pression de dedans en dehors, le rapport, quant à la réaction du poumon, reste toujours le même tant que la pression n'est pas au-dessous de cette force de contractilité.

M. Brachet explique l'anhélation et la lassitude par la présence d'un sang trop peu oxygéné sous l'influence de la raréfaction de l'air et des mouvements; car, dit-il, pendant le mouvement les muscles désoxygènent le sang, qui les traverse davantage que pendant le repos, et d'autre part ils ne se contractent que sous l'influence du sang artériel.

Bouguer et Rey font jouer le principal rôle au mouvement spécial que les membres inférieurs et le corps tout entier sont obligés d'exécuter pour gravir une montagne escarpée; les accidents, dit M. Rey, ne sont-ils pas à peu près les mêmes lorsque l'on monte un escalier long et rapide?

M. Lepileur, sans refuser toute influence à la raréfaction de l'air et à l'exercice musculaire, pense que la cause principale des phénomènes est la congestion sanguine qui, sous l'influence des efforts, se produit dans le cerveau, les poumons et les muscles.

Aucune de ces explications ne nous paraît être complétement satisfaisante, et elles ont toutes le défaut de ne pas tenir un compte suffisant de la multiplicité des influences qui interviennent pour faire du mal des montagnes l'effet d'un modificateur très complexe.

Si vous voulez considérer que la plupart des accidents ci-dessus mentionnés ne se produisent point dans les ascensions aérostatiques, qui dépassent de beaucoup l'altitude des plus hautes montagnes; que pendant l'ascension de celles-ci ils se manifestent, en général, au niveau des neiges perpétuelles, *quelle qu'en soit la hauteur absolue*; qu'ils varient suivant les individus; *qu'ils disparaissent tous pendant la halte*, rendue nécessaire, chez les uns, par l'anhélation, chez les autres, par la fatigue; que plusieurs voyageurs ont souffert presque autant pendant la descente que pendant l'ascension; si vous voulez vous rappeler, en outre, que la température s'abaisse d'autant plus qu'on s'élève, et que le thermomètre descend parfois à — 12° c., que les vents sont extrêmement vifs, que l'état hygrométrique de l'atmosphère est notablement modifié, que la neige et l'inclinaison du sol rendent la marche très pénible et nécessitent des efforts musculaires très considérables, que les mouvements du thorax exercent une grande influence sur la circulation des veines jugulaires, et qu'ils peuvent, suivant l'observation de Barry, produire une congestion sanguine mécanique des centres nerveux; que la contraction musculaire opère, comme le dit M. Brachet, une désoxygénation considérable du sang; si vous voulez tenir compte de toutes ces considérations, vous avouerez qu'il est peu logique de faire jouer à la diminution de la pression atmosphérique le principal rôle dans la production des accidents qui caractérisent le *mal des montagnes*, et en soumettant la question à une appréciation plus sévère, vous arriverez avec moi aux conclusions suivantes.

A une grande élévation, la diminution de la pression atmosphérique n'est pas, quoi qu'on en ait dit, compensée par la condensation opérée par le froid; elle modifie l'oxygénation de façon à produire une gêne plus ou moins notable dans les fonctions de la respiration et de l'hématose, et nous ne balançons pas à admettre, malgré les deux observations produites par M. Lepileur, que la respiration doit être accélérée.

Une diminution considérable *survenue brusquement* dans la pression exercée sur les gaz qui circulent avec le sang peut et doit, ainsi que l'a établi M. Gavarret, amener la distension ou même la rupture des vaisseaux capillaires pulmonaires et généraux, de façon à produire soit une congestion sanguine pulmonaire et périphérique, soit même des hémorrhagies. Mais lorsque la pression diminue graduellement, lentement, ainsi que cela a lieu pendant l'ascension des hautes montagnes, lorsqu'elle ne dépasse point des limites d'oscillation très étendues, les gaz du sang se mettent en équilibre, et il ne se produit aucun accident, ainsi que le prouvent l'acclimatement à des hauteurs considérables et l'observation des hommes qui, placés les uns sur le sommet des montagnes, les autres dans la profondeur des vallées, sont soumis à une différence de pression qui se traduit par 44 millim. de plus ou de moins dans la hauteur de la colonne barométrique. Les cas fort rares d'ailleurs d'épistaxis, d'hémoptisie, de saignement des lèvres ou des gencives qui ont été observés pendant l'ascension des montagnes, ne peuvent être attribués à la diminution de la pression atmosphérique, car ils ne se sont jamais produits pendant les ascensions aérostatiques, c'est-à-dire à des hauteurs beaucoup plus considérables; on doit les rattacher aux effets du froid, du vent, de la sécheresse de l'air, des efforts musculaires, et dans quelques cas à des causes pathologiques. La pression atmosphérique diminuant, il est évident, d'après l'expérience de Weber, que les rapports de la tête du fémur et de la cavité cotyloïde doivent être modifiés de manière à rendre les mouvements des membres inférieurs plus difficiles et plus pénibles, ce qui explique la grande fatigue éprouvée par les voyageurs, fatigue qui ne dépend point d'un véritable épuisement des forces, puisque quelques secondes de repos suffisent pour la faire disparaître. MM. Lepileur et Martins ont essayé de constater expérimentalement l'influence de la diminution de la pression atmosphérique sur la longueur des membres inférieurs, mais ils ne sont malheureusement pas arrivés à des résultats définitifs et concluants.

Voici, suivant moi, tout ce qu'on peut admettre de positif relativement aux effets de la diminution de la pression atmosphérique; aussi renverrons-nous au chapitre consacré aux *localités* tous les développements que les auteurs ont l'habitude de rattacher à l'étude de la pression atmosphérique, et là nous montrerons encore que c'est à la réunion de plusieurs modificateurs qu'il faut attribuer l'ensemble de phénomènes qu'on a eu le tort de considérer comme produits par la diminution de cette pression.

Augmentation de la pression atmosphérique. — Nous avons dit, messieurs, que les effets de l'augmentation de la pression atmosphérique n'étaient devenus appréciables et n'avaient été étudiés avec précision que dans des appareils condensateurs.

Expérimentant avec un appareil construit pour le percement des puits, M. Triger a constaté qu'à la pression de deux atmosphères des douleurs plus ou moins vives, suivant les sujets, se font sentir dans les oreilles, diminuent d'intensité sous l'influence des mouvements de déglutition et disparaissent dès que l'équilibre s'est rétabli entre l'air de l'appareil et celui que renferme l'oreille interne. Parfois ces douleurs ne se font sentir qu'au sortir de l'appareil.

A la pression de trois atmosphères on ne peut plus siffler, et la voix devient d'autant plus nasonnée que la pression est plus forte. L'ascension rapide d'une échelle a produit moins d'essouflement qu'à la pression ordinaire, et un ouvrier sourd a entendu plus distinctement. Après sept heures de séjour, des douleurs se sont fait sentir dans les articulations.

M. Tabarié a montré qu'une condensation lente et graduée ralentit la fréquence de la respiration et du pouls, lequel diminue de 10 à 20 pulsations par minute ; le sujet éprouve une sensation de froid, même lorsque la température de l'appareil est plus élevée que celle de l'air ambiant.

M. Pravaz nous apprend qu'en augmentant la pression d'une demi-atmosphère la respiration devient plus large, plus aisée, moins fréquente; le pouls baisse notablement, et parfois des deux cinquièmes; les mouvements sont faciles et énergiques ; la sécrétion de la salive et de l'urine devient plus abondante ; le sang, refoulé de la périphérie au centre, abandonne les capillaires cutanés, et donne à l'encéphale un degré plus élevé d'excitation ; la faim se développe, et l'augmentation de l'oxygène inspiré rend nécessaire une ingestion plus considérable de substances alimentaires azotées et carbonées.

Suivant M. Pravaz, l'étendue de l'inspiration forcée ou le développement du poumon croît avec la pression atmosphérique jusqu'à une certaine limite, déterminée par la vigueur des sujets; mais la pression cesse de favoriser l'ampliation des organes respiratoires lorsqu'elle dépasse la différence toujours décroissante qui existe entre l'effort des muscles inspirateurs et l'élasticité des parois thoraciques. La quantité d'acide carbonique exhalé augmente jusqu'à la pression de 10 à 12 centimètres, et n'atteint son maximum que plusieurs heures après la sortie de l'appareil; mais au-dessus de cette limite elle devient moins considérable qu'avant l'entrée dans l'appareil condensateur.

Des considérations dans lesquelles nous venons d'entrer, l'hygiéniste peut tirer quelques préceptes importants.

Il est évident tout d'abord qu'il faut, autant que faire se peut, éviter les variations brusques et considérables de pression atmosphérique dans la crainte de voir se produire des accidents graves, des congestions sanguines, des hémorrhagies, des morts subites ou tout au moins des troubles marqués dans la respiration, l'hématose et la circulation.

Malgré la possibilité de l'acclimatement, l'innocuité d'une diminution lente et graduée de la pression atmosphérique, il faut néanmoins interdire les voyages aérostatiques, l'ascension des montagnes et le séjour dans des lieux très élevés aux sujets qui ont une maladie des organes respiratoires ou du cœur, ou qui y sont prédisposés ; à ceux chez lesquels on a lieu de craindre que l'accélération du pouls, de la respiration et les troubles de l'hématose n'amènent des accidents fâcheux.

L'habitation dans les vallées convient, au contraire, dans ces circonstances ; mais si l'on veut obtenir de l'augmentation de la pression atmosphérique des effets marqués, il faut, comme nous l'avons dit, avoir recours à des appareils condensateurs dont M. Pravaz a obtenu de très bons résultats dans le traitement de la phthisie pulmonaire, de la chlorose, de l'anémie et de la maladie de Pott.

Bibliographie.

ROULIN. *Observations sur la vitesse du pouls à différents degrés de pression atmosphérique.* In *Journal de Magendie*, 1826, tome VI, p. 1.

REY. *Influence sur le corps humain des ascensions sur les hautes montagnes.* In *Revue médicale*, novembre 1842, p. 321.

BRACHET. *Note sur les causes de la lassitude et de l'anhélation dans les ascensions sur les montagnes les plus élevées.* In *Revue médicale*, novembre 1844, p. 356.

LEPILEUR. *Mémoire sur les phénomènes physiologiques qu'on observe en s'élevant à une certaine hauteur dans les Alpes.* In *Revue médicale*, mai 1845, p. 196.

TABARIÉ. *Comptes-rendus de l'Académie des Sciences*, 1838, t. VI, p. 896; 1840, t. XI, p. 26.

TRIGER. *Comptes-rendus de l'Académie des Sciences*, 1841, t. XIII, p. 885; 1845, t. XXI, p. 447.

PRAVAZ. *Bulletin de l'Académie de Médecine*, 1838, t. II, p. 985. — *Essai sur l'emploi médical de l'air comprimé.* Paris, 1850.

QUATRIÈME LEÇON.

DE LA TEMPÉRATURE. — DE LA TEMPÉRATURE EXTÉRIEURE OU ATMOSPHÉRIQUE. — DE LA TEMPÉRATURE ANIMALE. — DE LA RÉSISTANCE A LA CHALEUR ET AU FROID.

Parmi les conditions physiques de l'existence des corps vivants, la plus fondamentale est peut-être l'action thermologique du milieu ambiant. Dans toute la hiérarchie organique, en effet, le développement de la vie est subordonné à certaines limites déterminées de l'échelle thermométrique extérieure, et ces limites paraissent être moins étendues et plus rigoureuses que les variations barométriques compatibles avec l'état de vie. Vous savez qu'en histoire naturelle, la répartition des divers organismes sur la surface de notre globe forme des zones si nettement dessinées qu'elles fournissent aux physiciens des indications thermométriques d'une assez grande justesse. « Les êtres organisés, dit M. Bérard, ne peuvent accomplir les actes de la vie que sous une certaine température au delà et en deçà de laquelle ces actes finissent par s'enrayer plus ou moins complétement ; le calorique, ou plutôt une température déterminée, doit donc être rangée au nombre des conditions de la vie, et Hoffmann l'a judicieusement appréciée dans les termes suivants : *Caloris ad vitam, nutritionem, propagationem et motus vitales producendos et conservandos maxima necessitas et potentia est.* »

Vous connaissez l'action de la chaleur sur l'évolution organique dans toute l'étendue de l'échelle; sur la graine, sur l'œuf, sur le fœtus.

« Les phénomènes de la végétation, dit M. Boussingault, s'accomplissent toujours sous l'influence d'un certain degré de chaleur ; s'ils exigent, en outre, le concours de la lumière, de l'air, de l'humidité et de diverses substances inorganiques, il est néanmoins établi que ces agents ne contribuent au développement d'une plante qu'autant qu'ils sont favorisés par une température convenable. » Mais il y a plus, et la chaleur exerce sur toute la vie de la plante une action si rigoureusement nécessaire et déterminée, que M. Boussingault a pu démontrer que la durée de la végétation est en raison inverse de la température moyenne du lieu où l'on observe ; de telle sorte que, si on multiplie le nombre de jours durant lesquels une même plante végète dans des climats distincts par le chiffre de cette température moyenne, on obtient des nombres à peu près égaux.

L'étude de la température atmosphérique considérée en elle-même appartient exclusivement à la physique, et elle vous est présentée chaque année avec un soin tout particulier par M. Gavarret; celle de la température animale, en tant que résultat de la fonction dite de calorification, rentre complétement dans le domaine de la physiologie, et conformément aux principes et aux distinctions que nous avons établis dans notre première leçon, nous ne devrions nous occuper ici que des influences, que des rapports hygiéniques qui existent entre la température extérieure et l'organisme. Mais la température extérieure, considérée en elle-même, est un des éléments les plus importants des modificateurs complexes qu'on appelle saisons, climats ; et comme, d'un autre côté, l'un de ses principaux effets sur l'organisme est relatif à la température animale, nous serons obligé de vous rappeler brièvement quelques détails de météorologie et de physiologie, particulièrement indispensables à l'intelligence de la partie hygiénique de la question.

De la température atmosphérique.

L'air atmosphérique présente une certaine température dont il est nécessaire d'étudier la source et les conditions.

Or, la source de la température de l'atmosphère terrestre réside tout entière dans la radiation solaire calorifique, car la chaleur propre à la terre n'y contribue que pour 1/30e de degré environ ; et le calcul démontre que, si la quantité totale de la chaleur que la terre reçoit du soleil dans le cours d'une année était uniformément répandue à sa surface et employée, sans perte aucune, à fondre une couche de glace qui envelopperait la terre entière, cette chaleur serait capable de fondre une couche de 31 mètres d'épaisseur.

La température terrestre étant due à la radiation solaire calorifique, il en résulte nécessairement qu'elle doit varier avec la direction des rayons solaires, par conséquent avec la latitude, avec les saisons, avec les différentes heures de la journée, et vous pouvez entrevoir, *à priori*, quelles sont les conditions générales de ces variations, puisque vous savez que, toutes choses égales d'ailleurs, la quantité de chaleur absorbée par un corps est d'autant plus considérable que la direction de la radiation solaire se rapproche davantage de la perpendiculaire à la surface de ce corps.

Il en résulte, en premier lieu, que la température atmosphérique doit décroître de l'équateur au pôle, et Herschell a constaté, en effet, qu'au cap de Bonne-Espérance l'effet thermométrique des rayons solaires se traduit par + 48°,75, tandis qu'en Europe il n'est que de + 29°,5, et au pôle boréal de — 8°. Selon Kaemtz, la température moyenne varie à l'équateur entre 27 et 28°; à Ténériffe, elle est de 21°,7 ; à Paris, de 10°,8 ; et enfin au cap Nord, de 0°.

Les variations diurnes et saisonnières de la température atmosphérique dans le même lieu s'expliquent par la présence ou l'absence du soleil sur l'horizon et par la direction qu'affectent les rayons solaires aux différentes heures de la journée.

« A mesure que le soleil s'élève sur l'horizon, dit Kaemtz, la chaleur augmente ; elle diminue dès qu'il est couché ; les différences entre l'été et l'hiver dépendent du temps qu'il reste au-dessus de l'horizon et de sa distance au zénith de l'observateur. Lorsque le soleil est au-dessus de l'horizon, il agit d'autant plus sur la terre et sur les couches inférieures de l'atmosphère que sa hauteur angulaire est plus considérable ; une partie de cette chaleur pénètre dans le sol, l'autre se perd en rayonnant vers l'atmosphère et les espaces célestes. Avant midi, la terre reçoit à chaque instant une quantité de chaleur supérieure à celle qu'elle perd par le rayonnement, et sa température s'élève; cet effet se continue encore quelque temps après que le soleil a passé le méridien, d'où il résulte que le maximum a lieu quelques heures après l'instant de midi. Lorsque le soleil s'abaisse vers l'horizon, son action devient moins puissante ; la perte par rayonnement l'emporte sur le gain par l'absorption, et la chaleur diminue d'autant plus rapidement que le soleil est plus près de se coucher. Dès qu'il a disparu, la source calorifique n'existant plus, toute la chaleur acquise rayonne vers les espaces célestes, la température baisse et baisserait encore plus si une partie de la chaleur qui a pénétré dans les couches superficielles du sol ne revenait à la surface en vertu du pouvoir conducteur de la terre. Ce refroidissement continue jusqu'à ce que l'aurore annonce le retour du soleil, qui réchauffe de nouveau les régions qu'il éclaire. »

C'est par ce rayonnement nocturne de la terre qu'on explique un phénomène singulier souvent observé par les jardiniers au mois d'avril ; à savoir : que, par les nuits très claires, on voit les plantes couvrant la surface du sol être frappées par la gelée, tandis que la température atmosphérique reste à 5 ou 6 degrés au-dessus de 0.

Les variations atmosphériques saisonnières sont corrélatives de l'inclinaison de l'axe de la terre par rapport au soleil. Pendant l'hiver la terre est plus rapprochée du soleil, mais son axe est plus incliné ; il en résulte que les nuits sont plus longues que les jours, que le soleil échauffe la terre pendant moins longtemps, et que par conséquent la température s'abaisse. Le contraire a lieu pendant l'été.

Nous savons maintenant que la température atmosphérique a sa source dans la radiation solaire calorifique, il nous reste à rechercher de quelle façon se distribue la chaleur solaire.

Or, lorsque les rayons solaires pénètrent dans l'atmosphère, ils perdent à chaque instant une certaine quantité de leur chaleur, qu'ils cèdent aux impuretés contenues dans les couches atmosphériques qu'ils traversent ; mais la plus forte partie arrive jusqu'à la terre et est absorbée par elle, pour être rayonnée plus tard sous forme de rayons obscurs qui pénètrent dans les couches atmosphériques les plus inférieures. Mais la densité de l'air n'étant point partout la même et allant en diminuant de bas en haut, il en résulte que, lorsque les couches atmosphériques inférieures ont acquis par leur contact avec la terre une chaleur suffisante, elles remontent vers les régions supérieures et sont remplacées par des couches plus froides qui s'échauffent à leur tour, et qui établissent ainsi un courant continu d'air chaud dirigé de bas en haut.

De cette double circonstance on peut conclure : 1° que, dans tous les lieux et dans tous les temps, le maximum de la température atmosphérique existe dans les couches d'air les plus inférieures ; 2° que la température atmosphérique diminue à mesure qu'on s'élève, suivant une loi qui a été déduite d'ailleurs des observations faites pendant les ascensions aérostatiques et celles des hautes montagnes.

On admet que la température diminue de 1° par 185 mètres d'élévation, ou plus exactement de 1° par 191 mètres jusqu'à la hauteur de 3,691 mètres, et de 1° par 141^{m},6 au-dessus de cette hauteur. Ainsi la température étant à la surface du sol de + 27°, on a trouvé :

+ 12° à 3,032 mètres.
8° à 4,725
4° à 5,267
0° à 5,674
— 1°,5 à 6,107
— 3° à 6,143
— 7° à 6,888
— 9°,5 à 6,977

Cette loi de décroissement, en raison de l'altitude, varie toutefois avec la saison, l'heure de la journée et la disposition du sol. Ainsi, en été, le thermomètre baisse beaucoup plus vite à mesure qu'on s'élève, qu'en hiver ; et il résulte de ce décroissement inégal que la différence entre les moyennes de l'hiver et celles de l'été est d'autant moindre qu'on s'élève davantage sur les montagnes. Dans les plaines de la Suisse, à 400 mètres, elle est de 19° ; sur le Saint-Gothard, à 2,091 m., de 14°,9 ; sur le Saint-Bernard, à 2,493 m., de 13°,5 ; de telle sorte que, suivant de Saussure, les différences entre les saisons doivent disparaître à la hauteur de 12,000 à 13,000 mètres. C'est vers cinq heures du soir que le décroissement de la température est le plus rapide, et vers le lever du soleil qu'il est le plus lent, et la différence correspondant à ces deux instants égale environ le tiers de la hauteur dont il faut s'élever en moyenne pour obtenir un abaissement de 1°. Enfin si le terrain s'élève doucement, s'il présente des gradins successifs, on peut admettre pour 1° une différence de niveau de 235 mètres, tandis que sur le flanc des montagnes abruptes la différence n'est plus que de 195 mètres.

Le décroissement de la température avec l'altitude est un des éléments les plus importants de l'étude climatologique des localités. Ainsi dans les Cordillières, entre le 11° degré de latitude boréale et le 50e degré de latitude australe, la température moyenne, qui est de + 27°5 à Cumana, c'est-à-dire au niveau de la mer, est de

+ 23°,7	à Anserma-Nueva,	élevé de	1,050 mètres.
+ 15°,5	à Latacouza,	de	2,861 mètres.
+ 10°,7	à Combal,	de	3,219 mètres.
+ 3°,4	à Antizana,	de	4,072 mètres.
+ 1°,7	au glacier d'Antizana,	de	5,460 mètres.

Il résulte de ce qui précède que l'altitude et la latitude peuvent exercer sur la température des influences contraires; qu'il est possible de les combiner de manière à détruire l'une par l'autre chacune de ces influences, et qu'on doit arriver ainsi à une température moyenne égale pour deux localités placées dans des rapports inverses de latitude et d'altitude. C'est en effet ce qui a lieu. On trouve une température annuelle moyenne de + 3°,5 à

St-Pétersbourg,	par 59°,56'	de latitude et	0 m. d'altitude,
Antizana,	par 1°	de latitude et	4,000 m. d'altitude.

La température moyenne de Quito et de Rome est de + 15°,4.

La hauteur du soleil au-dessus de l'horizon étant le principal élément de son action calorifique, les mathématiciens se sont efforcés de déduire de cette hauteur les changements de température des jours et des saisons; mais indépendamment de la latitude, de l'inclinaison de l'axe de la terre par rapport au soleil et de l'altitude, la température varie suivant un grand nombre de circonstances qui se rapportent à la terre, à l'atmosphère et aux eaux.

Les circonstances terrestres se rattachent à la constitution géologique du sol et à la disposition de sa surface, à la culture, aux forêts, aux montagnes, qui le recouvrent.

Les circonstances atmosphériques sont fournies par l'état hygrométrique de l'air, la hauteur de la colonne barométrique, la pureté de l'atmosphère, la direction et l'intensité des vents, les orages, la pluie, la neige, la grêle, les brouillards, et les autres hydrométéores.

Enfin les circonstances hydrologiques se tirent du voisinage plus ou moins rapproché de la mer, des courants marins, de la présence des glaces, etc. On comprend en effet que l'évaporation aqueuse doit en général abaisser la température, et M. de Humboldt, ayant trouvé la température de l'air continental à + 27°,7, a vu le thermomètre plongé dans l'air océanique descendre à + 25°5.

Nous ne faisons qu'indiquer ici ces différentes causes de variations dans la température extérieure, parce que déjà elles vous ont été exposées dans le cours de physique, et que nous serons obligé d'y revenir à propos des localités et des climats; mais il résulte de ce que nous venons de dire que la détermination des variations de la température ne peut être faite qu'à l'aide de l'observation directe, c'est-à-dire du thermomètre. Or cette observation montre que la température change à chaque instant, mais que ses variations offrent une telle concordance, que l'on peut déduire la température moyenne de la journée d'un petit nombre d'observations faites à des heures convenables. Ces observations montrent, en effet, qu'il y a chaque jour un maximum de température, lequel a lieu vers deux heures de l'après-midi, et un minimum qui a lieu une demi-heure avant le lever du soleil, ces moments déterminés variant d'ailleurs dans des limites peu étendues suivant les saisons et la latitude. Pour obtenir la moyenne de la journée, il suffit d'observer le thermomètre à quatre heures et à dix heures du soir et du matin; le quart de la somme des températures trouvées donne un chiffre qui diffère très peu de la moyenne des vingt-quatre heures.

Vous comprenez, messieurs, que par des procédés analogues on arrive facilement à déterminer les moyennes de température mensuelles, saisonnières et annuelles, et c'est en tenant compte de ces moyennes, des rapports qui existent entre elles et des différences qui les séparent des maxima et des minima que l'on arrive à évaluer les conditions thermologiques de chaque localité, de chaque contrée, de chaque climat.

Quelques chiffres vont vous faire connaître ce procédé d'évaluation, que l'hygiéniste est souvent mis en demeure d'appliquer lorsqu'il est appelé à se prononcer sur la nature climatologique d'une localité, d'une contrée, et sur l'influence qu'elle peut exercer au point de vue de la pathogénie, de la prophylaxie et de la thérapeutique.

A Paris, placé par 48°,50' de latitude, la moyenne annuelle de la température est de + 10°,8'; les moyennes saisonnières sont les suivantes :

En hiver les jours étant de 9 h. 45', la moyenne est de + 3°,3.
Au printemps, 14 h. 30', » + 10°,3.
En été, 14 h. 30', » + 18°,1.
En automne, 9 h. 45', » + 11°,2.

En Guinée, placée par 5° de latitude, et les jours ayant constamment une durée de douze heures, la moyenne annuelle est de + 27°,4, et les moyennes saisonnières sont les suivantes:

En hiver, + 28°,1.
Au printemps, + 28°,3.
En été, + 26°,4.
En automne, + 27°.

A Rio-Janeiro, la température moyenne de l'année est de + 23°,5.
Celle du mois le plus chaud, de 27°,2.
Celle du mois le plus froid, de 20°,0.

A Edimbourg la différence entre la moyenne de l'hiver et celle de l'été est de 10°,6; à Moscou elle est de 27°,8, et à Kassara, elle atteint le chiffre énorme de 31°,3.

A Yakoutz, enfin, la moyenne de l'été est de + 17°,5, tandis qu'en hiver le mercure est congelé pendant deux mois.

J'extrais de l'ouvrage de Kaemtz quelques chiffres indiquant les minima, les maxima et les moyennes de température observés dans différents lieux.

LIEUX.	LATITUDES.	MINIMA.	MAXIMA.	MOYENNES.
Pondichéry. . .	11°,42' B.	+ 21°,6	+ 44°,7	
La Martinique..	14 ,35	+ 17 ,1	+ 35 ,0	
Esné.	25 ,15		+ 47 ,4	
Le Caire. . . .	30 , 2	+ 9 ,1	+ 40 ,2	+ 22°,4
Athènes.	37 ,58	— 4 ,0	+ 38 ,0	
Rome.	41 ,54	— 5 ,9		+ 15 ,4
Montpellier. . .	43 ,36	— 16 ,1		+ 14 ,1
Nice.	43 ,42	— 9 ,6	+ 33 ,4	+ 15 ,6
Pise.	43 ,43	— 6 ,3	+ 39 ,4	
Florence. . . .	43 ,46	— 5 ,3		+ 15 ,3
Turin.	45 , 4	— 17 ,8	+ 36 ,9	+ 11 ,7
Milan.	45 ,28	— 15 ,0	+ 34 ,4	+ 12 ,8
Paris.	48 ,50	— 23 ,1	+ 38 ,4	+ 10 ,8
Londres.	51 ,31	— 11 ,4		+ 10 ,4
Moscou.	55 ,45	— 38 ,8	+ 32 ,0	+ 3 ,6
St-Pétersbourg.	59 ,56	— 34 ,0	+ 33 ,4	+ 3 ,5
Fort Reliance. .	62 ,46	— 56 ,7		
Port Elisabeth..	69 ,59	— 50 ,8	+ 16 ,7	

Il résulte de ce tableau que l'homme peut supporter des variations de température de 104°, puisque telle est la différence qui sépare le maximum observé à Esné en Egypte (+ 47°,4) du minimum constaté au fort Reliance dans l'Amérique du Nord (— 56°7).

C'est en tenant compte des moyennes de températures saisonnières et annuelles qu'on est arrivé à tracer les lignes *isochimènes*, *isothères* et *isothermes*, les premières réunissant tous les lieux dont la moyenne hibernale est la même, les secondes passant par les points où les moyennes estivales sont égales et les troisièmes indiquant tous les lieux ayant la même moyenne générale de température.

L'étude des climats nous fournira l'occasion d'appeler de nouveau votre attention sur ces lignes et de vous en montrer toute l'importance en hygiène.

De la température animale.

Vous savez qu'il s'opère dans l'organisme humain une véritable combustion dont Lavoisier et Séguin avaient placé le foyer dans les poumons, mais que Lagrange, Spallanzani, Hasenfratz, Edwards, Magnus et tous les physiologistes contemporains considèrent comme s'accomplissant pendant tout le cours de la circulation, et particulièrement dans les capillaires.

Cette combustion produit une certaine quantité de calorique que, d'après les recherches de MM. Andral et Gavarret sur la combustion du charbon (240 grammes en vingt-quatre heures) et celles de M. Dumas sur la combustion de l'hydrogène (20 grammes en vingt-quatre heures), on peut évaluer à 2,627 calories, ce qui revient à dire que la chaleur produite par un homme adulte en vingt-quatre heures serait suffisante pour élever de 1° la température de 2,627 kilogrammes d'eau. En nombres ronds, on admet que l'homme produit 2,500 calories pouvant élever 25 kilogrammes d'eau de 1° à 100°.

Or, cette chaleur est, comme l'avaient établi Lavoisier et Séguin, la source de la chaleur propre au corps de l'homme; et les expériences de MM. Despretz, Dulong, Dumas, Favre et Silbermann montrent qu'elle est supérieure à celle que l'homme perd par le rayonnement.

Que deviennent les 2,500 calories produites chaque jour par la combustion animale? Voici, suivant M. Dumas, la répartition qu'on peut en faire entre les différents phénomènes qui en absorbent, en supposant que la température extérieure soit de + 20° :

7 mètres cubes d'air inspiré à 20°, expiré à 36°.	55,9	calories.
1 kilogr. d'aliments ingérés à 20°, rejetés à 36.	26,0	—
2 kilogr. de boissons — —	32,0	—
150 grammes d'eau produits par l'évaporation pulmonaire. . . . . 850 grammes d'eau produits par la transpiration cutanée.	550,0	—
	663,9	calories.

Ce qui fait en nombre rond 700 calories, d'où il suit que l'homme en perdrait 1,800 par le rayonnement; mais il faut se rappeler en outre les expériences de MM. Matteucci, Becquerel père et Breschet, qui démontrent la présence de courants électriques dans les muscles et le dégagement d'une certaine quantité de chaleur pendant la contraction.

La chaleur qui se distribue à l'organisme et qui constitue la *température animale* peut être évaluée en plaçant un thermomètre sous la langue, sous l'aisselle ou dans le rectum. On peut aussi se servir de l'appareil thermo-électrique de M. Becquerel père. Elle est, suivant Liebig, de + 39° chez les enfants, de 37°,5 chez les adultes; M. Despretz donne les évaluations suivantes : 36°,99 à 18 ans, 38°,14 à 30 ans, 37°,13 à 68 ans. Davy a trouvé 36°,9 chez un vieillard de 91 ans et elle est descendue à 35° sous la langue; 33°,9 sous l'aisselle chez un centenaire. D'après M. Roger, la moyenne est de 37°,08 chez les nouveau-nés de 1 à 7 jours, de 37°,21 pour les enfants âgés de 4 mois à 14 ans et de 36°,68 pour les vieillards âgés de 72 à 95 ans. Or, la moyenne chez l'adulte étant de 37°,50, on serait autorisé à penser que la température animale est à peu de chose près la même à toutes les époques de la vie, les différences en moins oscillant entre 42/100 et 82/100 de degré.

Le calorique n'est pas également distribué dans toutes les parties du corps; le thermomètre placé dans la bouche reste au-dessous de celui de l'aisselle de 0°,25 à 4° et la différence en moins est de 5 à 6° pour les mains et les pieds. Enfin, la température animale est modifiée par l'exercice musculaire et le repos, par l'alimentation, par l'état de veille ou de sommeil; nous vous ferons connaître ces modifications en étudiant chacun des agents auxquels elles se rattachent.

Quelle est l'influence exercée par la température atmosphérique sur la température animale?

Edwards établit que la température des oiseaux est plus élevée de 2 à 3° en été qu'en hiver; ainsi elle serait de 40°,8 au mois de février, de 42° en avril et de 43°,77 en juillet. La température animale varie suivant la latitude; par 35°,22' de latitude sud, elle est en moyenne de 36°,9; tandis que par 0°,12' de latitude nord, elle s'élève à 37°,8. Des matelots ont présenté après le passage de la ligne une élévation de 1°,1 dans la température de leur corps, et Davy a établi :

1° Que la température de l'homme s'accroît de 1° à 1°,5 quand il passe d'un pays froid ou même tempéré dans un pays chaud;

2° Que les habitants des pays chauds ont une température plus élevée que ceux des zones tempérées ou froides;

3° Que la température est la même quelles que soient la race et l'alimentation des individus.

Davy a constaté, en outre, les rapports suivants entre la température atmosphérique et celle du corps de l'homme :

TEMPÉRAT. ATMOSPH.	TEMPÉRAT. ANIM. S. LA LANGUE.
+ 33°,3	+ 38°,
30 ,5	37 ,5
22 ,8	37 ,2
18 ,9	36 ,9
15 ,3	36 ,4
7 ,2	36 ,4
6 ,1	36 ,1

Ce tableau vous montre qu'à une différence de 27°,2 dans la température extérieure correspond une différence de 1°,9 dans la température animale. Il n'existe pas une différence plus marquée entre la température des hommes qui, habitant le Sénégal, y sont soumis à une chaleur de + 50°, et ceux qui, habitant la Sibérie, y sont exposés à un froid de —48°. Or, si, en dehors de toute influence extérieure artificielle, l'on cherche à se rendre compte du phénomène en raison duquel l'organisme parvient à conserver ainsi une température à peu près la même en présence de différences aussi considérables dans la température extérieure, on découvre, avec M. Letellier, que la combustion se modifie de manière à produire une quantité de calorique d'autant plus considérable que la température extérieure s'abaisse. Ainsi, M. Letellier a constaté expérimentalement, sur des mammifères, qu'à 0° les unités de chaleur produites dans une heure sont représentées par 8,2782, et correspondent à 0,001022 de charbon brûlé, tandis qu'entre + 14 et + 22° on trouve 6,2451 pour les unités de chaleur, et 0,000771 pour le charbon, et que entre + 30 et + 42° les unités de chaleur descendent à 4,7223, le charbon étant représenté par 0,000583.

Il ne faut pas croire cependant que le chiffre de la température animale puisse se maintenir ainsi à peu près invariable en présence des degrés extrêmes de la température extérieure, ou de variations considérables survenues brusquement. Berger et Delaroche ayant exposé des animaux pendant un espace de temps variant entre 35 minutes et 1 heure 27 minutes à une température de + 60°,63 à 93°,75, ont vu la température de leur corps s'élever de 6°,25 à 7°,19 ; et s'étant placés eux-mêmes dans des étuves chauffées de 37°,5 à 48°,75, leur température, prise sous la langue, a augmenté de 1°,87 à 3°,12. J'ai fait moi-même, depuis six ans, de nombreuses expériences sur l'application du calorique, et j'ai montré que le séjour pendant 30 à 45 minutes dans une étuve sèche chauffée à 65°, produit dans la température du corps, prise sous la langue, une élévation de 2 à 3°.

Si l'homme ne combattait point les effets du froid extrême par l'exercice musculaire, l'usage de vêtements appropriés, de boissons chaudes, sa température ne tarderait pas à subir un abaissement considérable. Vous savez d'ailleurs que parfois, et malgré tous les efforts tentés pour le combattre, cet abaissement a lieu, et qu'il peut même se terminer par la mort et la congélation.

Ces considérations nous conduisent tout naturellement à rechercher quels sont les éléments et les degrés de la résistance que l'organisme vivant peut opposer soit à la chaleur, soit au froid.

De la résistance à la chaleur.

« L'observation démontre, a dit Boerhaave, qu'aucun animal pourvu de poumons ne peut vivre dans une atmosphère dont la température est égale à celle de son sang. »

Ce que l'observation démontre, messieurs, c'est que l'assertion de l'illustre Boerhaave est erronée, car vous savez que l'homme peut vivre dans une atmosphère dont la température est de beaucoup au-dessus de celle de son sang. Sans parler des contrées tropicales, où la chaleur s'élève jusqu'à + 50°, on a vu un homme rester pendant 7 minutes dans une étuve chauffée à 92°,99° C. (Blagden), un autre séjourner pendant le même espace de temps dans une étuve à 107-109° (Berger), et enfin une jeune fille rester exposée pendant 10' à une température de 112° R. (Tillet).

Mais si, prise dans son sens absolu, l'assertion de Boerhaave est inexacte, il faut reconnaître qu'elle ne manque pas de justesse si on la modifie de manière à lui faire dire que l'homme ne peut séjourner sans inconvénients, pendant longtemps, dans une atmosphère dont la température est supérieure à celle de son sang. Delaroche a montré, en effet, que le point limite de la résistance exempte de dangers est le degré de la chaleur propre à l'animal; au-dessus, les dangers de mort s'accroissent rapidement en raison inverse de la masse du sujet, et il arrive un moment où la mort a lieu presque instantanément.

M. Magendie a fait sur ce point des expériences fort intéressantes que nous devons vous faire connaître.

Pour les animaux de même force et de même taille, la mort survient d'autant plus vite que la température est plus élevée. Des lapins placés dans des étuves à air sec sont exposés à des températures différentes, et voici ce qui se passe :

120°	Mort après	7'
100°	—	10'
80°	—	18'
60°	—	25'

Trois chiens fournissent des résultats analogues :

100°	Mort après	18'
90°	—	24'
80°	—	30'

La température animale augmente en raison de l'élévation de celle du milieu ambiant ; mais, quelle que soit la chaleur à laquelle on les soumet, les mammifères ne peuvent dépasser 45 ou 46° sans succomber. Les oiseaux ne meurent qu'à 48° environ ; les animaux à sang froid meurent dans un milieu de 80° offrant environ 40° de température.

La mort survient par une action délétère spéciale de la chaleur, qui paraît s'exercer avec beaucoup plus d'énergie par la peau que par la muqueuse pulmonaire; car on a reconnu, par des expériences directes, que la chaleur sèche, appliquée sur la surface pulmonaire, produisait des effets infiniment moins rapides que lorsqu'elle se trouvait appliquée sur la peau, ce qui démontre quel degré de protection les vêtements doivent exercer sur le corps de l'homme dans les températures solaires, ou artificielles, extrêmement élevées. Tillet avait déjà constaté que les animaux protégés par des espèces de maillots résistaient beaucoup mieux à la chaleur que ceux qui en étaient dépourvus.

A cette dernière proposition de M. Magendie, nous pouvons ajouter, en nous fondant sur des expériences répétées un grand nombre de fois, que les phénomènes sont bien différents suivant que la chaleur exerce son action simultanément sur la peau et sur la surface pulmonaire ou sur la peau seulement. Ainsi, lorsqu'un homme est plongé tout entier dans une atmosphère de + 60°, la température animale s'accroît rapidement de 3 à 4°, et les troubles de la respiration et de la circulation obligent bientôt à suspendre l'opération; lorsqu'au contraire le corps seul est plongé dans une étuve chauffée à la même température et qu'un air extérieur frais vient frapper la figure et pénétrer dans les poumons, la température animale s'élève beaucoup plus lentement, n'atteint pas son maximum d'accroissement, la respiration et la circulation sont beaucoup moins accélérées, et l'expérience peut être continuée sans inconvénients pendant un temps beaucoup plus long.

Ainsi donc, sous l'influence d'une température extérieure très élevée, la température animale s'élève aussi, et, lorsqu'elle a dépassé une certaine limite, la mort survient. Mais la température animale ne s'élève point dans la même proportion que celle du milieu ambiant; l'animal est donc doué d'une force *de résistance à la chaleur* qui le protége pendant quelque temps. Quelle est la nature de cette force? Franklin déjà et, depuis lui, M. Delaroche ont attribué la résistance à la chaleur au refroidissement produit par l'évaporation aqueuse qui se fait à la surface du corps couvert de sueur. Cette explication, généralement adoptée aujourd'hui, est combattue par M. Magendie, qui toutefois ne lui en substitue aucune autre.

Si, comme le pensait Delaroche, dit M. Magendie, la résistance à la chaleur était due à l'évaporation et au froid qui en résulte, les animaux devraient résister d'autant plus qu'ils auraient plus de liquide à évaporer. Or deux lapins de même taille et de même poids, dans les veines de l'un desquels on avait injecté 30 grammes d'eau distillée, sont placés tous deux dans une étuve ; ils meurent, l'un au bout de 9', 5", l'autre au bout de 10', ayant subi le même accroissement de température, celle-ci étant de 44°.

Nous ne voyons pas comment cette expérience autorise à conclure que la résistance à la chaleur n'est point due au refroidissement produit par l'évaporation aqueuse, et nous croyons qu'il faut encore s'en tenir à cette explication adoptée par la plupart des physiologistes, en ajoutant que la résistance à la chaleur est favorisée, en outre, par la diminution qui s'opère dans l'activité de la combustion.

De la résistance au froid.

Tandis que la température animale ne peut s'élever de plus de cinq ou six degrés sans que la mort survienne, il semble, au contraire, qu'elle peut s'abaisser dans des limites infiniment plus étendues. Ainsi, trois chiens et deux lapins ayant été plongés dans un mélange réfrigérant à la température de 0° à + 2°, ils ont perdu 3 et 4° au bout de dix minutes, 6° après 15', 7° après 20', et le dernier succombait au bout de 40', après avoir perdu 20°, c'est-à-dire la moitié de sa température propre.

M. Magendie, auquel nous empruntons ces chiffres, a établi d'autres lois encore relativement au refroidissement des animaux ; mais les expériences sur lesquelles il s'appuie ayant été faites en plongeant les animaux, non dans un *air froid*, mais dans un mélange réfrigérant d'eau et de glace ou dans du mercure, nous vous en ferons connaître les résultats ailleurs, et nous sommes obligé de nous arrêter ici, car je ne connais pas d'expériences ayant constaté d'une manière précise et rigoureuse les effets du froid atmosphérique sur la température animale.

Pour que ces expériences fussent concluantes, il faudrait d'ailleurs, ainsi que le dit avec raison M. Gerdy, les faire sur un homme nu, immobile, placé à l'ombre, dans un appartement bien clos où la température serait partout la même et pourrait être à volonté graduellement abaissée ou élevée. Il faudrait même, ajoute M. Gerdy, que l'homme fût plongé depuis un certain temps au milieu de cette atmosphère, car le passage brusque d'un lieu très froid dans un lieu qui l'est sensiblement moins, mais où l'on ne pourrait demeurer sans éprouver du froid, peut le faire paraître chaud. Enfin, il faudrait encore que le sujet de l'expérience ne fût sous l'influence d'aucune excitation, ni endurci par aucun genre d'habitude capable de le faire résister au froid.

Quoi qu'il en soit, il n'en est pas moins certain que l'homme peut jusqu'à certaines limites résister à l'action du froid atmosphérique, et l'on doit se demander où il puise, indépendamment de l'exercice musculaire, qui est une source puissante de chaleur comme nous le verrons plus tard, indépendamment des vêtements, de la chaleur artificielle, où il puise, dis-je, les éléments de cette *résistance au froid*. Eh bien! messieurs, vous le savez déjà, les expériences de M. Letellier vous l'ont appris : c'est dans la combustion qui s'opère au sein de nos organes et qui devient plus active et produit une plus grande somme de chaleur à mesure que la température extérieure s'abaisse : d'où vous pouvez conclure, sans que j'aie besoin d'anticiper sur des détails qui se présenteront plus tard, que la résistance que l'homme peut opposer au froid varie suivant l'âge, le sexe, la constitution, l'état de veille ou de sommeil, l'alimentation, etc. Elle est plus faible chez l'enfant et le vieillard, chez la femme, chez les individus faibles, débilités, pendant le sommeil ; elle est diminuée par une alimentation insuffisante par sa quantité ou par sa qualité, etc.

Maintenant que nous vous avons rappelé brièvement les principales considérations physiques et physiologiques qui se rattachent à l'importante question dont nous nous occupons, nous pouvons aborder l'étude des influences exercées sur l'organisme par la température atmosphérique au triple point de vue pathogénique, prophylactique et curatif.

CINQUIÈME LEÇON.

DES INFLUENCES EXERCÉES PAR LA TEMPÉRATURE SUR L'ORGANISME VIVANT, AU DOUBLE POINT DE VUE STATIQUE ET DYNAMIQUE.

Influence exercée par l'élévation de la température, c'est-à-dire par la chaleur.

La température atmosphérique exerce-t-elle une influence appréciable sur la *taille humaine*? Les habitants de la Laponie et du Groenland sont très petits, et offrent une taille moyenne de 4 pieds 9 pouces; mais les Russes, les Finlandais sont très grands. D'un autre côté, les habitants du midi de la France sont, en général, petits, tandis que les Espagnols sont grands. M. Quételet n'indique aucun rapport entre la taille humaine et la latitude. M. Motard considère la chaleur comme une cause de diminution dans la stature, et l'observation semble lui donner raison.

On a prétendu que la coloration de la peau était en rapport avec la température atmosphérique; que la peau était d'autant plus noire que la température était plus élevée; et c'est pour cette raison, a-t-on ajouté, que les nègres du Sénégal et de la Guinée sont plus noirs que les habitants du Mogol et de l'Arabie. Je me contente de vous indiquer ici ce point de discussion, parce que nous aurons occasion d'y revenir lorsque nous nous occuperons des races humaines.

Le *tempérament nerveux* prédomine dans les pays chauds.

Beaucoup d'auteurs prétendent que la température atmosphérique exerce une influence sur le *sexe;* que les filles naissent en plus grand nombre dans les pays chauds, et que cette circonstance y doit être considérée comme une des causes de la polygamie.

Les naissances, dans les trente départements les plus méridionaux de la France, ont donné, de 1817 à 1831, 2,119,162 garçons et 1,990,720 filles, et ce rapport est à peu près celui que l'on trouve pour la France entière. En Russie, on compte 108,91 garçons pour 100 filles; dans le royaume des Deux-Siciles, 106,18, et la moyenne pour l'Europe est de 106. Au cap de Bonne-Espérance, de 1813 à 1820, les naissances féminines l'ont constamment emporté sur les naissances masculines dans les races blanches (6,789 contre 6,604); mais il n'en a pas été de même parmi les esclaves (2,826 contre 2,936).

La question n'est donc pas résolue, et l'on peut dire, avec M. Quételet: que les nombres fournis par l'Europe ne confirment pas l'opinion qui considère les pays chauds comme plus favorables aux naissances féminines; mais que cependant, pour se prononcer avec certitude, il faudrait plus d'observations que nous n'en possédons, et surtout des observations recueillies vers la ligne équinoxiale.

L'élévation de la température atmosphérique exerce une influence évidente sur la *mortalité.* La chaleur, dit Motard, fait éclore, mûrir et faner la vie avec une douloureuse promptitude. En isolant autant que possible la chaleur des autres agents qui peuvent lui être associés, tels que l'humidité, les effluves marécageux, on voit que dans l'Inde la mortalité est de 1 sur 20; dans les régions méridionales de la France, de 1 sur 30, et dans le nord de l'Europe, de 1 sur 44, 48 ou même 59.

M. Motard a établi les rapports suivants entre la latitude et la mortalité :

Sous la zone torride.	1 sur	25
De 20 à 40° de latitude.	1	34,5
De 40 à 60°.	1	43,2
De 60 à 70°.	1	50

En recherchant les moyennes de mortalité dans les différentes contrées, on trouve les chiffres suivants :

Bombay.	1 sur	20
Guadeloupe.	1	27
Italie, Grèce, Turquie.	1	33
Etats-Unis.	1	40
Russie d'Europe.	1	44
Norwége.	1	48
Islande.	1	53

Relativement à la France, on trouve :

Pour le Nord.	1 sur	44,68
Pour le Midi.	1	39,09

Il résulte de nombreuses statistiques réunies par M. Quételet que la mortalité est de :

1 sur 41,1 pour le nord de l'Europe.
1 40,8 pour le centre.
1 33,7 pour le midi.

L'influence de la chaleur sur la mortalité se montre également lorsqu'on l'étudie relativement aux différentes saisons. Un tableau reproduit par M. Motard montre qu'à Philadelphie la mortalité générale pendant les mois de novembre, décembre et janvier, a été de 4,708, tandis que pendant les mois de juillet, d'août et de septembre, elle s'est élevée à 7,664. D'après Wargentin, le maximum de la mortalité, pour Stockholm, correspond au mois d'août; il en est de même pour Montpellier, d'après Mourgue. Il faut dire, cependant, que les statistiques de MM. Quételet et Lombard ne confirment pas ces résultats quant à Bruxelles et à Genève.

MM. Villermé et Milne-Edwards ont constaté que l'influence de la chaleur sur la mortalité des nouveau-nés, considérée en particulier, était toute différente de celle que nous venons d'établir relativement à la mortalité générale. Ainsi, la mortalité des nouveau-nés a été, en 1818,

De 1 sur 7,96 pour le nord de la France.
De 1 sur 10,72 pour le midi.

En 1819,

De 1 sur 9,12 pour le nord.
De 1 sur 11,70 pour le midi.

La *durée moyenne de la vie* est en rapport exact avec la mortalité; mais il est intéressant de rechercher l'influence de la chaleur sur la *longévité* envisagée relativement à des individus qui ont le privilége d'échapper aux limites générales de la loi. Or des milliers d'exemples attestent que les centenaires sont très nombreux dans le Nord, tandis qu'on en rencontre à peine quelques-uns dans le Midi. Vous trouverez sur ce point des documents curieux dans l'ouvrage de M. Motard.

Pour ne point scinder l'étude des questions qui se rattachent à la physique sociale, recherchons tout de suite, messieurs, quelle est l'influence de la chaleur sur la fécondité et par conséquent sur les naissances et l'accroissement de la population.

Les recherches statistiques faites par MM. Benoiston, de Châteauneuf et Motard, établissent que la chaleur augmente la fécondité et le nombre des naissances.

D'après Benoiston, 100 mariages produisent :

457	naissances	du 40 au 50°	de latitude.
430	—	du 50 au 67°	—

Un mariage produit :

En Portugal.	5,10	enfants.
En Suède.	3,62	—
Dans le midi de la France. . . .	4,34	—
Dans le nord de la Russie. . . .	4	—

Motard nous montre que la Suède, la Grande-Bretagne et la Russie offrent un rapport des naissances aux habitants proportionnellement moindre que la Prusse, les Pays-Bas et la France.

La moyenne des naissances est de 1 sur 32 habitants pour dix départements du Midi et de 1 sur 36 pour dix départements du Nord. Sous la zone torride, ajoute Motard, les différences deviennent extraordinaires ; sur la côte de Guinée, on voit souvent des pères ayant 200 enfants vivants à la fois. Chez les Perses, les Romains, les Spartiates, les Phéniciens, les Carthaginois, l'infanticide était permis, et la fécondité permettait d'y sacrifier, sous divers prétextes, une foule de jeunes victimes à leur naissance.

A la question de la fécondité se rattache intimement celle de la puberté, de la menstruation, et nous allons l'examiner immédiatement.

Une opinion commune considère la puberté et l'établissement de la menstruation comme étant beaucoup plus précoces dans les pays chauds. La puberté, dit M. Motard, couvée par les feux du soleil équatorial éclôt avant la raison, et une jeune fille est souvent mère à onze ans ou même à neuf. Des recherches faites par MM. Lebrun,

Faye et Brierre de Boismont, on peut conclure que l'âge moyen auquel s'établit la menstruation est de

16, ans 53	en Norvége.
15, » 20	à Manchester.
14, » 75	à Paris.
14, » 49	à Lyon.
14, » 08	à Toulon.
13, » 94	à Marseille.
13, » 83	à la Jamaïque.

La quantité de l'écoulement menstruel augmenterait, suivant Burdach, en raison directe de l'élévation de la température; elle serait, en moyenne, de 90 grammes dans les contrées boréales, de 150 à 180 grammes dans les contrées tempérées, de 360 grammes dans les contrées méridionales, et enfin de 600 grammes dans les contrées tropicales.

Abordons maintenant l'étude des influences exercées par la chaleur sur les différentes fonctions.

On peut, messieurs, établir d'une manière générale que les influences exercées par la chaleur varient suivant le degré de la température. La chaleur modérée, comprise entre + 15 et 25° environ, est un agent stimulant; la chaleur comprise entre 25 et 40° est un agent débilitant; la chaleur comprise entre 40° et la limite extrême, qu'on peut porter à 100°, est un agent excitant et délétère d'une grande puissance. Nous aurons à vous signaler presque constamment ce triple mode d'action.

Digestion. — Les fonctions digestives s'alanguissent d'une manière très remarquable sous l'influence de la chaleur; cela est dû à la suractivité exhalante de la peau, à l'afflux du sang vers la périphérie, à l'ingestion d'une grande quantité de boissons rafraîchissantes, de fruits aqueux; l'appétit est peu prononcé, et souvent il existe une anorexie complète. Au rapport de Volney, les Bédouins n'ingèrent, en vingt-quatre heures, que 180 grammes de substances alimentaires; les viandes sont en général repoussées avec dégoût et remplacées par des végétaux, des fruits, c'est-à-dire par les substances alimentaires qui contiennent le moins de carbone, et qui, par conséquent, sont le mieux en rapport avec la combustion, que nous savons être d'autant moins active que la température est plus élevée; les épices, les condiments excitants, les substances aromatiques sont recherchés, et jusqu'à un certain point nécessaires, pour stimuler l'estomac et activer le travail de la digestion, qui, malgré ce régime spécial, est souvent difficile, pénible, douloureux.

La soif est vive, incessante, et recherche tantôt les boissons froides, rafraîchissantes, acidules; tantôt les boissons chaudes, aromatiques, les liquides alcooliques, les liqueurs, l'eau-de-vie, le rhum, etc., suivant que l'économie se sent plus ou moins débilitée.

Les fonctions intestinales sont, en général, paresseuses; la constipation est fréquente, opiniâtre, et doit être attribuée au régime, à la diminution des sécrétions intestinales, à la suractivité de la peau, et à une modification de la sécrétion biliaire, qui est ordinairement augmentée, mais souvent diminuée par suite de certaines altérations hépatiques, dont nous aurons occasion de parler.

La *respiration* est accélérée en raison de la raréfaction de l'air et de la stimulation du système nerveux, et cependant, comme nous l'avons dit plus haut, la combustion est d'autant moins active, la quantité de charbon brûlé dans un temps donné est d'autant moins considérable, que la température est plus élevée. Il faut à cet égard établir une distinction, fort importante pour les applications thérapeutiques que l'on peut faire du calorique; la respiration devient fréquente, très gênée, anxieuse, lorsque le corps tout entier est plongé dans une étuve sèche chauffée à la température de + 60 à 65°; mais elle ne subit presque aucune modification lorsque l'étuve, en forme de boîte ou de siége à sudation, laisse la tête libre, et que celle-ci est exposée au contact d'un air extérieur frais qui pénètre dans les poumons.

La *circulation* est énergiquement stimulée par la chaleur, ainsi que M. Poiseuille l'a constaté expérimentalement sur la patte d'une grenouille plongée dans de l'eau à la température de + 38°. Selon Serrurier et Bernier, la fréquence physiologique du pouls dans les pays chauds serait de 100 pulsations par minute. Fordyce, Dobson, Blagden, Delaroche ont noté exactement les effets de l'étuve sèche sur le pouls, et voici les chiffres qu'ils ont produits :

35' de séjour	dans une étuve à	48°,88	ont porté le pouls à	145 pulsations.
10'	—	94°,44	—	120
20'	—	98°88	—	164
10'	—	106°,66	—	145
8'	—	115°,55 à 126°,66	—	144
4'—6"	—	72°50 à 101°25	—	100—160

Ici encore, messieurs, nous insisterons sur les différences qui résultent du mode d'application du calorique, parce qu'elles ont une grande importance en thérapeutique, et nous vous dirons que 30 à 40' de séjour dans une étuve complète, dont la température est portée graduellement jusqu'à 60 à 65°, amènent une fréquence de 130 à 150 pulsations, tandis que si la tête est exposée à un air frais le corps peut rester exposé à cette même température pendant plusieurs heures, sans que les pulsations du pouls s'élèvent au-dessus de 80 à 90 pulsations par minute. Dans le premier cas, la violence des battements du cœur et des artères de la tête, la congestion encéphalique obligent de mettre un terme à l'opération, sous peine de voir se produire des accidents graves. Dans le second, rien de pareil ne se manifeste, et l'opération peut être prolongée sans inconvénients pendant un temps pour ainsi dire indéfini.

Sécrétions. — La sécrétion du cérumen, de la matière sébacée, est augmentée; il en est de même, dit-on, de la sécrétion lactée, et les nourrices appartenant à la race nègre sont remarquables par l'abondance de leur lait. La sécrétion salivaire et urinaire est, au contraire, notablement diminuée; la bouche est sèche; les urines sont rares, épaisses, troubles, et souvent chargées d'acide urique et d'urates de chaux, de soude, etc.

Quelques auteurs ne craignent point d'affirmer que la sécrétion spermatique est augmentée, et ils attribuent à ce phénomène la suractivité des fonctions génitales et le nombre plus considérable des naissances. Aucune preuve directe ne peut être fournie à l'appui de cette assertion, et ce qu'on attribue à l'hypersécrétion spermatique est peut-être dû à l'excitation du système nerveux, aux habitudes, aux mœurs, au régime, au genre de vie, etc.

Transpiration cutanée et pulmonaire. — On peut considérer comme établi qu'entre 0 et + 20° les pertes subies par l'économie sous l'influence de la chaleur ont lieu par évaporation cutanée; que de 20 à 26° elles sont produites, en outre, par transsudation. Au-dessus de 26° la transsudation augmente, tandis que l'évaporation diminue en raison de la couche d'eau qui recouvre la peau. Mais à l'action de la peau il faut ajouter l'évaporation pulmonaire, qui est considérable et qui joue même le principal rôle dans le phénomène, ainsi que cela est démontré par l'expérience suivante de M. Magendie.

Deux lapins sensiblement de même taille sont placés dans une étuve de manière que la tête de l'un soit au dehors et que l'air frais du laboratoire s'introduise dans les poumons, et que le corps de l'autre étant au dehors, la tête seule soit au contraire plongée dans l'étuve et en respire l'air chaud. Au bout d'un temps égal, on trouva que le premier lapin avait perdu 10 grammes de son poids, tandis que le second en avait perdu 25.

Je vous prie, messieurs, de ne point perdre de vue cet important résultat, car il est fertile en déductions pratiques. C'est lui qui vous fera comprendre, pourquoi les malades soumis à la médication dite hydrothérapique peuvent supporter l'application quotidienne et prolongée du calorique sans subir des déperditions trop considérables. J'ai pu maintes fois, deux fois par jour et pendant trente ou quarante jours de suite, faire séjourner des malades, sans les affaiblir outre mesure, pendant une heure chaque fois, dans des étuves sèches chauffées à 60 ou 65°, mais laissant la tête exposée à un air extérieur très frais. Quels eussent été les effets d'une pareille médication si la tête eût été plongée dans l'atsmosphère chaude ? Les chiffres suivants vous le feront comprendre.

Berger étant resté 13' dans une étuve à 50° — 52°,50, perdit 50 grammes de son poids, et 215 grammes dans une étuve à 88°,75 — 90°. Delaroche, dans le même espace de temps, perdit 120 grammes dans une étuve à 51°,25 — 88°, et 220 grammes dans une étuve à 72°,50 — 73°,75.

M. Magendie ayant placé successivement quatre lapins pendant 9' dans une étuve dont la température varia entre 60 et 100°, tous perdirent 8 à 10 grammes, c'est-à-dire environ 1 gramme par minute. Perte énorme, dit M. Magendie, qui, d'après mes expériences, n'est pas en raison de l'élévation de la température, mais dans un rapport direct avec la durée du séjour.

Le *système nerveux* est diversement impressionné par la chaleur.

Une chaleur douce est un stimulant salutaire et agréable ; les mouvements sont faciles, prompts ; la démarche aisée ; les gestes nombreux, rapides, expressifs ; la parole brève, le langage coloré, l'imagination vive, les passions ardentes. Vous retrouvez là tous les caractères qui appartiennent aux populations du midi de la France.

Au-dessus de 30°, suivant M. Rostan, la chaleur devient déprimante; les forces diminuent; il survient de l'abattement, de la prostration, de l'inertie ; les mouvements sont lents, pénibles ; les facultés intellectuelles et morales sans vivacité, sans énergie : de là la paresse des lazaroni napolitains, des nègres, des habitants des régions tropicales ; le défaut de courage militaire, de suite dans les résolutions, de persévérance dans la volonté, etc.

Les premiers symptômes, dit M. Magendie, que présentaient les animaux introduits dans une étuve de 60 à 100° étaient une accélération de la respiration, puis une sorte de lassitude qui les faisait se coucher et s'étendre au fond de la boîte.

L'*absorption* devient plus active sous l'influence d'une chaleur modérée; de là le développement plus facile des maladies épidémiques et contagieuses, de la vaccine; de là le succès plus fréquent de la médication iatraleptique des Italiens, de M. Chrestien (de Montpellier), des agents médicamenteux appliqués sous forme de fumigations, d'onctions, de frictions, etc. Plusieurs enfants ayant été soumis à des frictions mercurielles, les uns, placés dans une chambre chaude, furent tous atteints de salivation; les autres, exposés à une température de + 4°, furent tous épargnés. (Bretonneau.)

Le *tissu adipeux* est peu abondant ou disparaît rapidement ; le *système musculaire* est grêle. Mateucci et Nobili ont montré que la chaleur augmente l'intensité du courant musculaire qui se dirige de l'intérieur des muscles vers leur surface ; le courant, qui chez la grenouille se dirige des pieds vers la tête, est, à son maximum, à la température de + 20° ; c'est dans de l'eau de mer à + 18° que les effets électriques de la torpille sont le plus manifestes. Les *forces* sont, en général, moins développées chez les habitants des pays chauds, qui sont le plus souvent incapables de se livrer à un exercice musculaire actif et prolongé.

Les *influences pathogéniques* de la chaleur sont nombreuses, indépendamment de celles qui se lient à son action indirecte, à celle, par exemple, qu'elle exerce sur le dégagement des miasmes paludéens.

L'action directe des rayons solaires sur la peau produit souvent un érythème très douloureux connu sous le nom de *coup de soleil;*

parfois même elle produit des vésicules suivies d'ulcérations ; les congestions cérébrales, les méningites du cerveau ou de la moelle, l'encéphalite, peuvent se développer sous l'influence de la même cause, ainsi que vous pouvez le voir dans les ouvrages de MM. Andral, Parent-Duchatelet, Martinet, Rilliet et Barthez, etc.

La chaleur exerce une action remarquable sur le développement des affections du système nerveux. Vous savez quelle est la fréquence du tétanos dans les contrées tropicales ; les convulsions, la folie, la monomanie suicide, l'hystérie, l'hypochondrie, sont favorisées par la chaleur. Sur 930 cas d'aliénation mentale occasionnée par des causes physiques et réunis par Esquirol et M. Revolet, on en compte 21 qui se rattachent à l'insolation. Sur 907 suicides relevés par Prévost, Casper et Esquirol, 534 ont eu lieu pendant les deuxième et troisième trimestres de l'année, 373 seulement pendant les premier et quatrième. En Russie, suivant Marshall, on observe 1 suicide sur 38,882 habitants entre le 42 et le 54° de latitude, et 1 suicide sur 56,777 habitants entre le 54 et le 64°. La calenture a été attribuée à une influence de même nature, et pendant nos guerres d'Afrique on a vu des soldats, exposés depuis longtemps à l'ardeur d'un soleil brûlant, pousser des cris, être pris de délire, avoir des hallucinations et même se suicider.

L'action de la chaleur n'est souvent pas étrangère au développement de l'érysipèle et de la pourriture d'hôpital.

La dysenterie, les fièvres éruptives, le choléra, la fièvre typhoïde, se montrent de préférence en été et dans les pays chauds.

Enfin la chaleur exerce sur le développement des maladies du foie une action qu'il importe d'étudier avec soin, mais dont nous nous occuperons à propos des climats, parce que à la chaleur viennent se joindre d'autres agents, et que le modificateur est complexe.

Le séjour dans un lieu trop échauffé artificiellement produit des vertiges, des congestions cérébrales, des syncopes, et d'autres accidents plus ou moins graves ; mais sans aller jusqu'à ces points extrêmes, nous croyons que le séjour habituel dans un appartement dont la température est celle que présente la plupart des hôtels de Paris chauffés par des calorifères, exerce sur l'organisme une influence très fâcheuse ; la peau perd de son ressort, de sa vitalité ; les fonctions de respiration, d'hématose, de calorification, s'alanguissent; la circulation capillaire périphérique perd de son activité; le sang lui-même est modifié dans sa composition, et nous n'hésitons pas à attribuer, en partie, au séjour dans des appartements trop chauds un grand nombre des chloroses, des anémies, des névropathies, des débilités générales que l'on observe si fréquemment chez les femmes appartenant aux classes les plus riches de la société.

La chaleur est par elle-même une cause de mort, ainsi que vous le savez par les expériences sur les animaux et par les cas de mort qui, pendant les fortes chaleurs de l'été, frappent souvent les moissonneurs au milieu de leur travail des champs; quelle est la cause de la mort dans ces circonstances? M. Londe croit qu'il faut la chercher dans une véritable asphyxie, M. Lévy dans une violente congestion cérébrale; les expériences de M. Magendie démontrent que, chez les animaux qui ont succombé sous l'influence de l'élévation de la température, on rencontre constamment les altérations suivantes:

La surface de la peau et des muqueuses présente, çà et là, des taches ecchymotiques qui résultent de l'épanchement hors des vaisseaux d'un sang privé des qualités qui le rendent propre à la circulation; les poumons, le foie, les reins surtout sont infiltrés de sang; ce liquide lui-même est profondément altéré; si on le recueille dans un vase, il se coagule à peine, et quand il se forme un caillot, celui-ci reste toujours diffluent et noir; le sérum est trouble et coloré par des globules qu'il tient en suspension. A l'analyse, on trouve une diminution notable de la fibrine, qui est comme transformée et a perdu de sa ténacité naturelle.

On a prétendu que la chaleur atmosphérique s'opposait au développement de la phthisie pulmonaire, ou du moins rendait cette maladie extrêmement rare; Casimir Broussais, s'appuyant sur des statistiques recueillies sur une population exceptionnelle, composée de nos soldats, a soutenu cette opinion et établi qu'en Afrique, sur 102 cas de mort, un seul appartenait à la phthisie pulmonaire; mais cette maladie sévit avec violence à Livourne, à Florence, à Gibraltar, à Malte, en Espagne, en Porturgal; M. Levacher a signalé sa fréquence aux Antilles, M. Dujat à Madère et à Rio de Janeiro, Clark à Calcutta et aux Indes occidentales. A Marseille, les décès par phthisie pulmonaire atteignent 25 0/0; à Gênes, 17

0/0 ; à Naples, 40 0/0, suivant M. Journé ; et dans les hôpitaux de la Martinique, M. Rufz a rencontré la phthisie non moins fréquemment que dans les hôpitaux de Paris.

A la question de la chaleur atmosphérique se rattache celle des influences pathogéniques et thérapeutiques exercées par la saison estivale, par les climats chauds ; celle des règles que doit suivre l'homme pour se soustraire à l'action délétère de la chaleur, ou pour en diminuer les effets ; celle de l'acclimatement dans les contrées tropicales, etc. Pour éviter les répétitions, nous renverrons tout ce qui nous reste à dire à cet égard aux leçons dans lesquelles nous nous occuperons des *saisons*, des *climats*, des *localités*, etc.

L'application de la *chaleur artificielle* est d'une grande importance pour le médecin, auquel elle fournit des ressources précieuses pour la curation d'un grand nombre de maladies ; mais ici nous entrons dans le domaine de la thérapeutique, et il ne nous est pas permis de nous engager bien avant dans cette voie d'usurpation. Nous nous bornerons par conséquent à quelques indications.

La chaleur sèche employée au moyen de l'étuve partielle est, suivant le degré de température auquel on s'arrête, un *sudorifique* ou un *révulsif immédiat*, un *agent irritant transpositif*.

Lorsqu'on veut obtenir l'*effet sudorifique, simple, spoliatif* ou *dépuratif*, il ne faut point que la température de l'étuve dépasse 40 à 50°. En la maintenant dans ces limites, l'opération peut avoir une durée de plusieurs heures sans que le malade en éprouve la plus légère incommodité. La sueur s'établit, par évaporation d'abord, par transsudation ensuite, et elle ne tarde point à devenir tellement abondante qu'elle ruisselle sur tout le corps, et qu'il est facile d'en recueillir une grande quantité dans des assiettes placées au-dessous du siége; la tête, qui reste exposée à l'air libre, ne transpire pas moins que les parties entourées par les couvertures; l'air frais introduit dans les poumons, et de l'eau froide ingérée dans l'estomac tous les quarts d'heure et par petites quantités, maintiennent la respiration et la circulation dans un calme parfait; le sujet, au lieu d'éprouver l'excitation générale qui accompagne l'administration des médicaments sudorifiques, accuse une sensation de bien-être; en un mot, le calorique est ici un véritable *excitant spécial*, il n'exerce aucune action pyrétogénétique, et il serait impossible d'obtenir par un moyen différent une sueur aussi abondante sous des conditions générales aussi favorables. La durée de l'opération varie d'ailleurs suivant les indications et les conditions individuelles.

Ce procédé doit certainement être préféré à tous les agents pharmaceutiques dans les cas où la médication sudorifique est indiquée.

Lorsqu'on veut obtenir l'effet révulsif, la température de l'étuve doit être portée rapidement à + 60 ou 65°. On voit alors survenir des phénomènes qui ont été bien décrits par Rapou : « Chaleur brûlante de la peau, vitesse et développement du pouls, battement des artères temporales, quelquefois léger gonflement des veines du front. Une sueur abondante se manifeste sur toutes les parties du corps, et principalement à la tête ; la bouche est quelquefois sèche et la soif vive ; on éprouve le plus souvent une légère pesanteur de tête. » Il faut ajouter : si la température de l'étuve dépasse les limites que nous avons indiquées, si la température animale s'élève de 2 à 3° (température prise sous la langue), si l'opération se prolonge au delà d'un espace de temps qui varie, suivant les individus, entre 30 et 45', le pouls s'accélère notablement et bat de 100 à 130 fois par minute ; les mouvements du cœur deviennent énergiques, tumultueux, irréguliers ; la respiration est précipitée, suspirieuse ; la face est rouge, congestionnée ; les artères battent avec force ; le malade éprouve des bourdonnements d'oreille, de l'anxiété, quelquefois des nausées, et si alors on ne se hâte point d'abaisser la température de l'étuve, il survient une perte de connaissance produite par une congestion cérébrale dont les effets se font sentir pendant plusieurs heures.

Au sortir de l'étuve, toute la surface cutanée est d'un rouge vif et témoigne de l'afflux du sang vers la périphérie, et il faut avoir expérimenté ce procédé pour se faire une idée de sa puissance de révulsion. En l'opposant dès le début à des angines, des coryzas, des bronchites, des rhumatismes musculaires, des névralgies aiguës, j'ai pu presque constamment enrayer la maladie et obtenir en quelques heures une guérison complète.

J'ai insisté, messieurs, sur ces détails, parce que je les crois fort importants, et parce qu'ils résultent de recherches qui me sont propres et qui n'ont encore été consignées que dans un mémoire inséré en 1848 dans les *Archives générales de médecine.*

M. Jules Guyot, dans un mémoire publié en 1835 et plus tard

dans un ouvrage plus étendu publié en 1840, a étudié les influences thérapeutiques de la chaleur atmosphérique appliquée au moyen d'appareils spéciaux, soit d'une manière générale et diffuse, soit d'une manière circonscrite et locale. Vous trouverez dans le *Traité de thérapeutique* de M. Trousseau un exposé fidèle des résultats remarquables qui ont été obtenus par M. Guyot dans le traitement des plaies, des ulcères, des érysipèles, du rhumatisme articulaire aigu, etc.

La chaleur a été associée à divers agents pharmaceutiques pour combattre la phthisie pulmonaire; M. Louis a expérimenté la méthode préconisée par M. Turck, mais n'en a pas obtenu les bienfaits annoncés par ce dernier.

Influences exercées par l'abaissement de la température atmosphérique, c'est-à-dire par le froid.

Nous ne possédons point, messieurs, d'observations exactes, précises, rigoureuses sur les effets du froid atmosphérique; des expériences nombreuses, dont nous aurons occasion de vous parler, ont été faites avec des mélanges réfrigérants liquides, avec de l'eau, du mercure, etc., mais elles manquent complétement quant à l'*air froid.*

On a attribué au froid atmosphérique, relativement à la taille, à la coloration de la peau, au sexe, à la mortalité, à la durée moyenne de la vie, à la longévité, à la fécondité, à la menstruation, une action entièrement opposée à celle qui est exercée par la chaleur, et nous ne reviendrons pas sur ces différents points; car, en vous faisant connaître celle-ci, nous vous avons indiqué celle-là.

Comme la chaleur, le froid n'agit point toujours de la même manière; un froid modéré ou de courte durée est un agent *stimulant* en raison du mouvement vital qu'il provoque dans l'organisme, mis dans l'obligation de réagir contre un modificateur qui tend à abaisser la température animale; un froid intense ou prolongé est, au contraire, comme l'a dit Broussais, le *sédatif* par excellence, et au delà de certaines limites il devient un *stupéfiant* et un agent de mort.

Digestion. — L'action stimulante du froid se traduit par un appétit très prononcé et le besoin d'ingérer une quantité considérable de substances alimentaires. Les peuples du Nord sont grand mangeurs; Gorter et Haller ont signalé l'appétit des patineurs hollandais, et Ross assure que les Esquimaux ingèrent toutes les vingt-quatre heures 10 kilogrammes de substances alimentaires, quantité bien différente, comme vous le voyez, des 180 grammes qui, selon Volney, suffisent aux Bédouins.

Les expériences de M. Letellier vous ont montré combien, pour que la température animale se maintienne au degré voulu, le froid active la combustion et augmente la quantité de charbon brûlé dans un temps donné; or c'est l'alimentation qui doit fournir à l'économie le combustible dont elle a besoin, et vous comprendrez alors que ce n'est point par goût, mais par nécessité que les peuples du Nord recherchent les viandes, les poissons, les huiles, les graines, c'est-à-dire des aliments qui contiennent 66 à 80 p. 100 de carbone au lieu des 12 p. 100 que renferment les aliments tirés du règne végétal.

La digestion est facile, rapide; la soif est peu prononcée en raison de la diminution de la transpiration.

Malgré l'activité de la combustion, malgré la quantité considérable d'oxygène nécessaire, la *respiration* n'est ni fréquente, ni très profonde, parce que la condensation produite par le froid fait qu'à égalité de volume et de pression l'air contient d'autant plus d'oxygène que la température est plus basse.

La *circulation* est active; la sécrétion urinaire est augmentée, ainsi que celle des larmes; celle de la bile est diminuée; l'évaporation cutanée et pulmonaire est peu considérable; la transsudation est nulle.

Le *système nerveux* est stimulé et imprime à toutes les fonctions les caractères appartenant au tempérament sanguin qui est le plus commun dans les contrées où règne un froid modéré; l'intelligence est prompte, la volonté ferme, les mouvements et les forces énergiques; l'exercice musculaire est facile, nécessaire, et supporté sans fatigue. Les fonctions génitales sont en général peu actives; l'imagination froide; les peuples du Nord brillent plutôt par l'industrie et les sciences exactes que par les arts.

L'ouïe est plus fine; ce qu'on a attribué à la condensation de l'air et à la tension de la membrane du tympan; l'odorat est plus difficilement impressionné, en raison de la sécheresse de la pituitaire.

L'*absorption* est moins active, le tissu adipeux souvent abondant.

Les phénomènes produits par un froid excessif, continu, de longue durée, sont entièrement opposés à ceux que nous venons d'indiquer.

L'appétit se perd; la température animale s'abaisse, la respiration devient fréquente, difficile, impossible par suite de la torpeur, de la paralysie, pour ainsi dire, des muscles respiratoires et des poumons eux-mêmes. Gmelin prétend que des glaçons invisibles pénètrent dans les poumons et les blessent; mais il est difficile de comprendre comment des glaçons aussi ténus pourraient arriver dans les poumons sans avoir été fondus pendant le trajet; la circulation capillaire périphérique devient de moins en moins active; la peau est décolorée ou même d'un blanc complétement mat lorsque l'action du froid a été assez intense pour produire la congélation. Blumenbach prétend que la fréquence physiologique du pouls chez les Groenlandais n'est que de 30 à 40 pulsations par minute.

Le système nerveux est déprimé; l'intelligence devient obtuse, la sensation tactile obscure, la sensibilité et la motilité sont frappées d'engourdissement, de paralysie; il se manifeste une répugnance insurmontable pour le mouvement, une envie de dormir irrésistible, que ne peut vaincre la certitude qu'une mort prochaine sera le résultat de l'inertie musculaire et du sommeil. La désastreuse campagne de Russie n'a fourni que trop d'exemples de ces funestes effets du froid, et ce n'est pas sans émotion que vous lirez, dans l'ouvrage de Larrey, les pages où il nous montre succombant sous l'étreinte des frimas, et sans trouver en eux l'énergie et le courage de lui opposer la moindre résistance, tant de glorieux soldats dont la constance n'avait pu jusqu'alors être ébranlée par aucun danger, par aucune fatigue, par aucune privation.

L'extrême froid plonge les êtres vivants dans un état de mort apparente auquel succède bientôt une mort réelle, que l'on considère comme le résultat d'une véritable asphyxie.

A la mort apparente se rattache l'histoire des animaux hibernants; et s'il nous était permis de vous exposer ici tous les phénomènes qui se rattachent au curieux phénomène de l'hibernation, nous aurions à vous faire connaître des détails fort intéressants.

Enfin, les effets du froid varient suivant l'âge, le sexe, la constitution, l'état de repos ou de mouvement, de sommeil ou de veille;

suivant l'état moral ou intellectuel du sujet, et vous savez jusqu'à quel point certains aliénés y sont insensibles.

Lorsque l'air est agité, lorsque le vent souffle, les effets du froid se font sentir beaucoup plus tôt et avec plus d'intensité. Parry établit que 6° au-dessous de zéro, l'air étant agité, équivalent à —17° l'air étant calme.

Influences morbifiques du froid. — Le premier effet du froid est de produire le *refroidissement*, qu'il ne faut pas confondre avec la *sensation de froid :* celui-là est essentiellement constitué par un abaissement de la température animale, tandis que celle-ci, depuis son premier degré appelé *algor* jusqu'à son dernier appelé *rigor*, et en passant par ses deux degrés intermédiaires nommés *horripilatio* et *horror*, peut n'être qu'une perception cérébrale, produite par un simple trouble de l'innervation ou de la circulation capillaire périphérique, et coïncidant soit avec le maintien de la température du corps, soit même avec un excès de calorification, ainsi que cela a lieu pendant la période algide de la fièvre intermittente simple; M. Gavarret ayant démontré, comme vous le savez, que le frisson le plus violent est accompagné, dans ce cas, d'une élévation de la température animale physiologique.

Il résulte de ce que nous venons de dire qu'on ne saurait accepter les assertions de Cullen et de M. Barbier, qui prétendent que l'air atmosphérique n'agit comme agent frigorifique sur l'homme qu'au-dessous de + 13 ou 14° + R. Cette évaluation ne repose que sur la sensation de froid qui varie suivant les individus et une foule de circonstances se rattachant aux vêtements, à l'exercice, etc. Quel est l'homme, dit M. Gerdy, qui pourrait demeurer immobile, à l'ombre, à une température de + 15° sans être bientôt transi de froid?

Le thermomètre tout seul permet de constater avec précision et certitude l'existence et le degré du refroidissement; la sensation accusée par le malade n'a, comme nous l'avons dit, aucune valeur, et la main de l'observateur est un instrument infidèle et insuffisant. Il est évident, d'abord, qu'il n'indique jamais la température absolue du sujet exploré, mais seulement le rapport qui existe entre sa température et celle de l'explorateur; d'un autre côté, il ne mesure que la température de la peau, qui n'est point toujours en rapport avec la température générale, car on la trouve souvent froide pendant le frisson de la fièvre intermittente et parfois chaude sur des enfants atteints de scélérème, chez lesquels le thermomètre placé sous l'aisselle ne marque plus que + 31° en moyenne, 33° au maximum, et 22° au minimum; de telle sorte, dit M. Roger, auquel nous devons ces intéressantes recherches, qu'à ce degré extrême l'enfant devient presque un animal à sang froid.

Le refroidissement du corps ne s'opère pas également sur tous les points; il se montre d'abord sur les parties les plus éloignées du centre circulatoire, sur les pieds et les mains; c'est là qu'il atteint le plus tôt son maximum, et qu'on observe en premier lieu la congélation et la gangrène. Chez l'homme couvert de vêtements, ce sont les parties non protégées qui sont atteintes les premières, et en Russie, par exemple, on observe très fréquemment la congélation du nez, des joues, des oreilles, du pénis, de la moitié du bras ou de la jambe. Fab. de Hilden avait déjà décrit avec beaucoup d'exactitude la gangrène produite par le froid. Larrey et Desgenettes n'ont eu que trop souvent l'occasion de l'étudier sur nos malheureux soldats pendant la campagne de Russie, et vous en trouverez une description détaillée dans le *Compendium de médecine pratique.*

Enfin, messieurs, le froid, comme la chaleur, devient par lui-même une cause de mort, celle-ci étant attribuée par les uns à une asphyxie, par les autres à une action stupéfiante exercée sur le système nerveux.

La mort a lieu de différentes manières; parfois elle est précédée d'un engourdissement très douloureux, de contractures des membres, de difficulté de parler, de faiblesse ou de perte de la vue, d'une espèce d'idiotisme, de l'émission involontaire de l'urine; la marche devient vacillante; le transi chancelle comme un ivrogne et finit par tomber, la chute étant le signe certain d'une mort prochaine. D'autres fois, dit M. Gerdy, la mort des transis a quelque chose de délicieux; le froid les plonge dans un engourdissement qui les invite au sommeil et les y entraîne par l'attrait irrésistible d'un repos plein de charmes; ils s'y abandonnent, en effet, avec passion, lors même qu'ils savent très bien que ce perfide sommeil les conduit à une mort assurée. Salander, compagnon de Cook dans son excursion à la Terre de Feu, soumis à un froid excessif, préférait une mort pleine de volupté aux angoisses de la marche, et il fallut l'entraîner de vive force.

Vous savez, messieurs, quels effets désastreux le froid a souvent produits sur les armées; Xénophon, Quinte-Curce, Voltaire, les historiens de la campagne de Russie, vous les ont fait connaître; mais il ne faut point perdre de vue, toutefois, que le plus souvent il s'agit ici d'un modificateur complexe, et qu'au froid atmosphérique viennent se joindre la fatigue, l'insuffisance de l'alimentation et surtout la démoralisation qui accompagne la défaite et la retraite.

L'action pathogénique du froid agissant isolément et par lui-même n'est pas exactement connue. Sous l'influence d'un froid atmosphérique vif et sec, les membranes muqueuses labiale et nasale se gercent, se déchirent, et les fissures très douloureuses qui en résultent laissent souvent écouler une quantité plus ou moins considérable de sang; les pieds et les mains deviennent le siége d'érysipèles phlegmoneux connus sous le nom d'engelures; on a considéré le froid comme favorisant le développement des tubercules pulmonaires; M. Flourens dit avoir produit la phthisie pulmonaire chez des poulets soumis à un froid artificiel très vif; les singes transportés des pays chauds dans nos climats meurent presque tous phthisiques; Thielman a montré que la phthisie est très fréquente en Russie et en Suède : sur 1,000 décès, 63 sont le résultat de cette maladie; mais la phthisie est-elle plus fréquente dans les pays froids que dans les pays chauds? MM. Andral, Louis, Clark n'osent pas l'affirmer, et Crichton, Harwood, Orton se prononcent pour la négative. On a attribué au froid le développement de la plupart des phlegmasies : de l'ophthalmie, du coryza, de l'angine, de la bronchite, de la pleurésie, de la pneumonie, du rhumatisme, de l'urétrite, de la fièvre puerpérale; celui de la fluxion des pieds, des oreillons, des névralgies; mais il n'est pas démontré que dans ces circonstances le froid ait agi seul; presque toujours, en effet, le modificateur est complexe; à l'action du froid est réunie celle du vent, d'un courant d'air, de l'humidité; ou bien il s'agit d'une alternative, d'une variation brusque de température; ou bien, enfin, il se présente une circonstance particulière, comme, par exemple, l'état de sueur, d'élévation de température animale dans lequel se trouve le sujet soumis à l'action du froid. Les auteurs n'ont point tenu compte de cette distinction importante ; ils réunissent dans un même paragraphe et attribuent exclusivement au froid les accidents qui se développent dans les circonstances très différentes, très complexes que nous venons de vous indiquer, et ils vont même jusqu'à comprendre dans cette étude, sous le nom d'*action du froid transmis par les liquides*, les effets produits soit par les différentes applications extérieures d'eau froide, soit par l'ingestion de ce liquide.

Je n'ai pas besoin de vous dire, messieurs, combien cette manière de procéder est vicieuse ; il n'est d'ailleurs plus possible de la maintenir dans l'état actuel de la science, car la médication dite hydrothérapique a montré la différence énorme qui sépare l'influence du froid atmosphérique de celle des applications extérieures d'eau froide.

Nous séparerons avec soin les éléments hétérogènes que l'on a si malencontreusement confondus; en nous occupant de l'humidité, nous étudierons son action suivant qu'elle est associée à la chaleur ou au froid; l'étude des vents nous conduira tout naturellement à celle des effets de l'air agité, des courants d'air ; dans le chapitre consacré aux agents physiques divers, nous vous parlerons des applications extérieures d'eau froide ou chaude ; ici nous n'aurons à vous parler que des variations de température, des alternatives de chaleur et de froid atmosphériques, et des effets du froid atmosphérique sur l'homme dont la température animale a été élevée et dont la peau est couverte de sueur.

Il résulte de ce qui précède qu'un froid atmosphérique modéré est favorable à la santé, à l'exercice actif de toutes les fonctions ; mais que son action n'est bienfaisante qu'autant qu'elle s'exerce sur un sujet jeune, robuste, bien nourri, ayant les organes de la respiration et de la circulation dans un parfait état d'intégrité. Dans les circonstances opposées, une chaleur modérée doit au contraire lui être préférée, ainsi que nous le verrons quand nous nous occuperons des climats. C'est à ce moment aussi que nous étudierons les influences curatives exercées par le froid atmosphérique ; quant aux applications thérapeutiques du froid artificiel, elles n'ont guère l'air atmosphérique pour agent, et nous en parlerons lorsque nous traiterons des boissons et des applications extérieures d'eau froide.

Variations de la température atmosphérique.

L'activité de la respiration et de la combustion augmentant ou diminuant suivant le degré de la température atmosphérique, on comprend que les variations *brusques et étendues* de cette dernière ne peuvent pas être sans inconvénients pour l'organisme. Un choc qui diminue le mouvement d'une machine, dit M. Wurtz, peut aussi en troubler le jeu, et il doit en être de même pour un organe aussi délicat que le poumon lorsqu'il est obligé de modifier brusquement le rhythme de ses fonctions.

Les variations atmosphériques ont été considérées comme favorisant le développement de la phthisie pulmonaire, qui, selon M. Andral, est rare dans les pays à climat constant, quelle qu'en soit la latitude, tandis qu'elle est très fréquente dans les contrées où l'on observe de grandes variations atmosphériques. A cette assertion, M. Louis oppose les faits suivants :

La phthisie pulmonaire est aussi commune à Malte, dont le climat est remarquable par sa constance, qu'aux îles Ioniennes, où il existe de grandes variations atmosphériques; ces îles sont placées dans les mêmes conditions atmosphériques que la Jamaïque, et cependant la phthisie est plus fréquente dans celle-ci que dans les autres.

Si vous vous souvenez de ce que nous avons dit à propos des climats extrêmes, vous serez conduits à conclure que les diverses conditions de la température atmosphérique n'exercent pas une influence appréciable sur le développement de la phthisie pulmonaire, et que cette funeste maladie a le privilége de décimer également les contrées les plus diversement partagées à cet égard.

Monro, Zimmermann, Moseley, Stoll, Desgenettes, presque tous les Nosographes considèrent les variations atmosphériques comme une cause puissante de diarrhée et de dysenterie; à Ceylan, à Batavia, à Java, où l'on observe presque constamment des variations de température de 40° dans les vingt-quatre heures, la dysenterie règne d'une façon à peu près permanente; elle est endémique en Bohême, en Galicie, dans la Moldavie, la Bulgarie, etc.

Enfin, les variations atmosphériques diurnes considérables sont rangées par M. Audouard au nombre des causes les plus énergiques de l'intermittence, et M. Voillemier les considère comme l'une des causes les plus puissantes des affections puerpérales.

Influences exercées par le froid atmosphérique sur l'homme en sueur.

Malgré les dénégations de MM. Chomel, Louis, Requin, Grisolle, il est impossible de ne pas admettre, avec MM. Bouillaud, Andral, Cruveilhier et la plupart des observateurs, qu'un grand nombre de phlegmasies, et spécialement la bronchite, la pleurésie, la pneumonie, le rhumatisme articulaire ou musculaire, se développent sous l'influence du froid atmosphérique mis en contact avec un homme dont la température est élevée, dont le corps est couvert de sueur. Vous savez tous combien ces maladies sont fréquentes pendant l'hiver et combien elles sévissent sur les sujets qui s'exposent au froid atmosphérique en sortant d'une grande réunion, d'une salle de spectacle, d'un bal, d'un lieu, en un mot, où une température très élevée a provoqué la diaphorèse. Sur 52 cas de rhumatisme, M. Bouillaud a pu en attribuer 34 à cette influence, et il en a été de même pour 16 pneumonies sur 26.

Telles sont, messieurs, les considérations que nous voulions vous présenter ici sur la température atmosphérique considérée dans ses rapports avec l'organisme; nous les compléterons lorsque nous traiterons des saisons et des climats.

Bibliographie.

KAEMTZ. *Cours complet de météorologie*, trad. par Ch. Martins. Paris, 1843.

WURTZ. *De la production de la chaleur dans les êtres organisés.* (Thèse d'agrégation pour les sciences accessoires. Paris, 1847.)

DAVY. *Observ. sur la température de l'homme et des animaux de divers genres.* (In *Ann. de chimie et de physique*, 1826, t. XXXIII, p. 181.) — *Sur la température du corps humain dans divers climats.* (Même recueil, 1823, t. XXII, p. 433.) — *Obs. diverses sur la température animale.* (Même recueil, 1845, t. XIII, p. 174.)

TILLET. *Sur les degrés de chaleur auxquels les hommes et les animaux sont capables de résister.* (In *Histoire de l'Acad. roy. des sciences*, 1767, p. 16.)

CHANGEUX. *Sur la puissance attribuée au corps animal de résister à des degrés de chaleur supérieurs à sa température.* (In *Journ. de physique*, 1776, t. VII, p. 57.)

BLAGDEN. *Nouvelles expériences et observations faites dans une chambre chaude.* (In *Journ. de physique*, 1778, t. XIII, p. 122.)

DELAROCHE. *Expér. sur les effets qu'une forte chaleur produit dans l'économie animale.* (Th. de Paris, 1806, n° 11.) — *Mémoire sur la cause du refroidissement qu'on observe chez les animaux exposés à une forte chaleur.* (In *Journ. de physique*, 1810, t. LXXI, p. 289.)

EDWARDS. *De l'influence des agents physiques sur la vie.* Paris, 1824.

LETELLIER. *Influence des températures extrêmes de l'atmosphère sur la production de l'acide carbonique dans la respiration des animaux à sang chaud.* (*Ann. de ch. et de phys.*, 1845, t. XIII, p. 478.)

BECQUEREL et BRESCHET. *Mémoires sur la chaleur animale.* (In *Annales des Sciences naturelles*, 1835, t. III, p. 257; t. IV, p. 243.)

ROGER. *De la température chez les enfants à l'état physiologique et pathologique.* Paris, 1844-1845.

MAGENDIE. *Leçons sur la température animale.* (In l'*Union médicale*, 1850, t. IV, p. 183.)

J. GUYOT. *Mémoire sur l'influence thérapeutique de la chaleur atmosphérique.* (In *Arch. génér. de Méd.*, 1835, t. VIII, p. 273.) — *Traité de l'incubation et de son influence thérapeutique.* Paris, 1840.

LA CORBIÈRE. *Traité du froid.* Paris, 1839.

COSSY. *Mémoire sur le traitement de la phthisie pulmonaire par les préparations alcalines jointes à une température élevée.* (In *Arch. génér. de Méd.*, 1844, t. VI, p. 431.)

L. FLEURY. *Rech. et Obs. sur les effets et l'opportunité des divers modificateurs dits hydrothérapiques.* (In *Arch. génér. de Méd.*, 1848, t. XVIII, p. 257.)

SIXIÈME LEÇON.

DE L'ÉLECTRICITÉ. — DE L'ÉLECTRICITÉ ATMOSPHÉRIQUE. — DE L'ÉLECTRICITÉ ANIMALE.

Ainsi que nous l'avons fait pour la température, nous n'aborderons l'étude des influences qu'après avoir rappelé sommairement les notions qui se rattachent, d'une part, à l'électricité atmosphérique, et d'autre part à l'électricité animale.

De l'électricité atmosphérique. — Existe-t-il de l'électricité dans l'air atmosphérique?

Ce n'est guère qu'à la naissance du dix-huitième siècle que l'on commença à soupçonner l'existence de l'électricité atmosphérique ; encore ne fut-elle entrevue que dans les phénomènes qui constituent les orages; et ce ne fut pas sans hésitation que Wall, en 1708, Grey, en 1735, Nollet, en 1746, émirent l'opinion que le tonnerre pouvait bien être autre chose que la voix d'un Dieu irrité, et que peut-être il existait quelque analogie entre la foudre et l'électricité. C'est à Franklin qu'appartient l'honneur d'avoir proclamé l'existence de l'électricité atmosphérique, qui bientôt après fut expérimentalement démontrée par Alibard et Romas, en 1752, le premier ayant fait usage, pour arriver à cette démonstration, d'un appareil fixe, et le second ayant enlevé un cerf-volant attaché à une ficelle mouillée communiquant avec un électromètre.

Ce n'est qu'à une époque encore plus rapprochée de nous qu'il fut constaté que non-seulement les nuages orageux sont fortement chargés d'électricité, mais encore que l'air atmosphérique contient une certaine quantité de ce fluide, même pendant le temps le plus serein. Et, en effet, si, dans une plaine découverte, sur le sommet d'un édifice élevé, d'une haute montagne, on observe un électromètre, on obtient presque toujours des signes d'une électricité atmosphérique dont les causes doivent être brièvement indiquées.

Malgré les objections de plusieurs physiciens, Kaemtz est porté à admettre que de l'électricité est produite par le frottement des masses d'air les unes contre les autres; et comme lorsqu'on frotte l'un contre l'autre deux bâtons de résine d'inégale température, le plus froid s'électrise positivement et le plus chaud négativement, Kaemtz en conclut que les couches atmosphériques inférieures doivent être électrisées négativement, les supérieures positivement.

M. Pouillet a placé une source puissante d'électricité atmosphérique dans l'évaporation d'eau chargée de substances étrangères en dissolution qui s'opère sans cesse à la surface du sol, et dans laquelle les vapeurs s'élèvent chargées d'électricicité positive, tandis que le sol conserve le fluide négatif. Mais M. Becquerel établit que l'électricité ne se produit point par l'évaporation pure et simple de l'eau, mais seulement lorsqu'il s'opère une réaction chimique ou que le composé tenu en solution se déshydrate. Or, comme l'on n'obtient aucun effet à une température inférieure à 110°, il faut en conclure que, dans l'évaporation de l'eau à la surface de la terre, il n'y a pas d'électricité dégagée.

M. Pouillet a montré ensuite que dans la combustion du charbon il se forme un courant d'acide carbonique électrisé positivement, et que par conséquent l'atmosphère doit contenir toute l'électricité produite par les combustions qui s'opèrent à la surface de la terre. Enfin, la germination et la végétation donnent également lieu à un dégagement d'acide carbonique chargé d'électricité positive.

M. Becquerel est porté à admettre que l'inégale distribution de la chaleur dans la terre et dans l'atmosphère est la seule cause de l'électricité atmosphérique, des effets magnétiques terrestres et des aurores boréales.

Voyons maintenant quels sont le mode de distribution du fluide et ses rapports avec les diverses conditions de l'atmosphère.

La surface du sol est toujours électrisée négativement; plongé, au contraire, dans l'air *sec et serein*, l'électromètre accuse presque constamment de l'électricité positive, dont l'intensité varie incessamment sous l'influence de nuages passagers, d'un souffle de vent, etc., et dont la distribution n'est pas uniforme. Les couches les plus inférieures de l'atmosphère, dans une épaisseur de 1 à 2 mètres, ne contiennent point d'électricité libre, parce que, la terre et l'atmosphère étant dans deux états électriques contraires, les deux fluides se combinent continuellement dans cette étendue par l'intermédiaire des corps situés à la surface du sol. Il en est de même dans les lieux *bas et abrités*, tels que les vallées étroites, les cours des maisons, les rues des villes, etc. La tension électrique augmente, au contraire, à mesure qu'on s'élève dans l'atmosphère, ainsi que l'ont constaté MM. Gay-Lussac et Biot. Mais la loi de son augmentation n'est pas connue, et dépend du plus ou du moins de vapeurs qui se trouvent dans l'air. La hauteur absolue et l'absence de tout abri ont d'ailleurs une influence à peu près égale, et de Saussure prétend que l'électricité est aussi forte dans une plaine que sur le sommet d'une montagne, lorsque celle-là n'est point dominée par des objets environnants.

L'électricité atmosphérique varie suivant la température, l'humidité de l'air, la force et la direction des vents, et vous pouvez en conclure *à priori* qu'elle n'est point la même dans toutes les *latitudes*, et qu'elle présente des *variations diurnes* incessantes. En effet, elle diminue de l'équateur au pôle, et elle est à peu près nulle au delà du 68e degré de latitude nord.

Les *variations diurnes* de l'électricité atmosphérique n'existent probablement pas dans les régions très élevées, au-dessus des nuages, par exemple; mais elles sont très marquées dans l'étendue de l'atmosphère qui constitue le milieu ambiant au sein duquel naît et se développe l'organisme.

Au lever du soleil, l'électricité atmosphérique est faible; elle augmente graduellement à mesure que le soleil s'élève sur l'horizon et que, sous son influence, des vapeurs se dégagent du sein de la terre; le *maximum* est atteint vers 6 ou 7 heures du matin en été, 8 ou 9 heures au printemps et en automne, 10 heures ou midi en hiver. Immédiatement après avoir atteint ce maximum, l'électricité décroît, rapidement d'abord, lentement ensuite, et elle atteint le *minimum* deux heures environ avant le coucher du soleil. Dès que cet astre s'approche de l'horizon, l'électricité croît de nouveau et présente un second maximum deux heures après le coucher du soleil, après quoi elle décroît derechef jusqu'au lendemain matin.

Vous voyez, messieurs, que, comme la température atmosphérique, l'électricité présente, au milieu de ses variations diurnes, deux maxima et deux minima: le premier maximum deux heures après le lever du soleil, le second deux heures après le coucher de cet astre; le premier minimum deux heures avant le lever du soleil, le second deux heures avant son coucher.

D'après Kaemtz, il n'existerait sur les montagnes qu'un maximum et qu'un minimum, celui-ci le soir, celui-là le matin.

Indépendamment de ses variations diurnes, l'électricité atmosphérique est encore soumise à des *variations saisonnières et annuelles;* mais à cet égard nous manquons de données précises; on sait seulement que l'électricité positive des temps sereins est bien plus forte en hiver qu'en été, et qu'elle varie d'une manière régulière dans l'intervalle qui sépare ces deux saisons.

Il nous reste à rechercher quelles sont les *modifications accidentelles* de l'électricité atmosphérique.

L'électricité augmente sous l'influence de la rosée, et lorsque celle-ci est abondante c'est vers le soir qu'a lieu le maximum de la période diurne; les brouillards agissent de la même manière, et plus ils sont épais, plus l'électricité est forte.

Les pluies douces et continues paraissent ne pas modifier l'électricité atmosphérique; mais les fortes pluies et la neige produisent, au contraire, une quantité notable de fluide, les pluies négatives étant aux pluies positives comme 155 : 100 d'après les recherches de Schübler, et comme 108 à 100 d'après celles de Hemmer. La direction des vents exerce d'ailleurs à cet égard une influence très remarquable, la proportion des pluies négatives étant beaucoup plus considérable lorsque soufflent les vents du sud, du sud-est et du sud-ouest que par les vents du nord, du nord-est et du nord-ouest. Ainsi, le nombre des pluies positives étant représenté par 100, Schübler a trouvé :

91	pluies négatives	par le vent du	nord.
169	—	—	nord-est.
128	—	—	nord-ouest.
260	—	—	sud.
175	—	—	sud-est.
232	—	—	sud-ouest.
166	—	—	est.
145	—	—	ouest.

L'origine de cette électricité négative s'expliquerait, suivant Schübler et Tralles, de la manière suivante : au moment d'une averse subite, les gouttes d'eau traversent un air sec; elles se changent en partie en vapeurs qui entraînent l'électricité positive, tandis que les gouttes de pluie restent à l'état négatif. Belli et Kaemtz contestent la justesse de cette explication, et attribuent le phénomène à l'influence exercée, d'une part, par le sol et, d'autre part, par les nuages.

Volta a fait jouer un rôle considérable à l'électricité dans la production de la grêle, et sa théorie a été adoptée, avec quelques modifications, par plusieurs météorologistes ; mais ce ne sont, en réalité, que des hypothèses, et tout ce que l'on peut admettre, c'est que l'électricité intervient d'une manière quelconque dans la production du phénomène, l'électromètre changeant fréquemment de signe à l'approche d'un nuage de grêle, en même temps qu'il indique de grandes différences dans l'intensité électrique.

D'après une théorie développée par M. Peltier, une trombe ne serait qu'un conducteur imparfait entre les nuages orageux et la terre; mais le rôle que jouerait ici l'électricité n'intéresse que le météorologiste.

Ceci nous conduit à une question fort importante : celle de la formation des orages, de l'étude des nuages orageux, du tonnerre et de la foudre.

La condition essentielle de la formation des orages est une rapide condensation de vapeurs; si cette condensation ne produit qu'une électricité médiocre, il ne survient que des averses passagères; si l'électricité produite est très forte, un orage éclate.

Tous les orages peuvent se diviser en deux classes ; les uns sont dus à l'action d'un courant ascendant, les autres à la lutte de deux vents opposés ; les premiers se montrent pendant la saison chaude, les seconds principalement pendant l'automne ou l'hiver. Dans nos climats, et en été, trois conditions sont nécessaires à la formation d'un orage : un grand calme de l'atmosphère, un sol plus ou moins humide et un temps serein.

Les nuages oragenx ont-ils des caractères particuliers; des signes distinctifs? Voici ceux qui leur sont assignés par Beccaria.

Lorsque par un temps calme on voit s'élever assez rapidement de quelques points de l'horizon des nuages très denses, semblables à des masses de coton amoncelées, c'est-à-dire terminés par un grand nombre de contours curvilignes brusquement et nettement arrêtés, comme le sont les sommités des montagnes domiques couvertes de neige ; lorsque ces nuages se gonflent en quelque sorte, lorsqu'ils diminuent de nombre et augmentent de grandeur ; lorsque, malgré tous ces changements de forme, ils restent invariablement attachés à leur première base ; lorsque ces contours se fondent peu à peu les uns dans les autres de manière à ne plus laisser bientôt à l'ensemble que l'aspect d'un nuage unique, on peut annoncer avec certitude qu'un orage est imminent.

A ces premiers phénomènes succède toujours l'apparition d'un gros nuage bien sombre, par l'intermédiaire duquel les premiers paraissent toucher à la terre ; sa teinte obscure se communique de proche en proche, et bientôt des parties les plus hautes d'une masse noire et compacte partent, sous la forme de longs rameaux, des nuages qui, sans s'en détacher, vont graduellement couvrir tout le ciel.

J'ai voulu, messieurs, vous faire connaître cette description de Beccaria ; mais je dois vous prévenir que vous ne la trouverez pas toujours parfaitement exacte, car la formation des nuages présente des phénomènes qui varient suivant les localités, la latitude, la saison, etc. Ils ne sont pas identiquement les mêmes dans la plaine et sur les montagnes, dans nos contrées et sous les tropiques, en été et en hiver, et M. Arago a montré que la foudre s'élabore et se manifeste quelquefois dans des nuages dont la nature semble être toute différente de celle des nuages atmosphériques ordinaires.

La hauteur des nuages orageux est importante à connaître, et l'opinion générale la considère comme fort peu considérable ; mais des observations authentiques démontrent que des orages se sont formés au Mexique à 4,620 mètres au-dessus du niveau de la mer (de Humboldt) ; en Suisse, à 4,810 m. (de Saussure) ; dans les Pyrénées, à 3,410 m. (Ramond). Bouguer et La Condamine ont été surpris par un orage au sommet du Pichincha (4,868 m.) ; enfin, MM. Peytier et Hossard, en 1826, ont vu dans les Pyrénées, à la station du pic de Troumouse, élevé de 3,086 m., les orages s'engendrer dans une couche de nuages dont la face inférieure, la plus voisine de la terre, était à 3,000, 3,200 ou même 3,300 mètres d'élévation.

Ainsi donc, dit M. Arago, dans les montagnes, de véritables, de fréquents orages se forment à d'immenses hauteurs au-dessus de l'Océan. Les hauteurs sont-elles jamais aussi grandes pour les orages qui éclatent sur les pays de plaine? Cette question n'intéresse pas seulement notre curiosité; supposez-la résolue affirmativement, et la densité de l'air jouera seule un rôle dans la formation des nuées orageuses. Prenez l'hypothèse contraire, et l'action de la terre deviendra manifeste, et cette action, quelle qu'en puisse être la nature, sera caractérisée par le fait remarquable que le sol d'un pays, en s'élevant, élève en même temps la région des orages; et il demeurera établi qu'un plateau, qu'une montagne communiquent, par leur voisinage, à des couches atmosphériques de certaine densité, des propriétés dont ces mêmes couches seraient dépourvues dans un plus grand isolement.

Or, des observations concluantes montrent que la hauteur verticale des nuages orageux a été de 1,600 et de 1,900 mètres à Berlin, de 3,340 et 3,470 m. à Tobolsk, en Sibérie, et enfin de 1,400, de 2,400 et de 8,080 m. à Paris; mais il faut ajouter que ce sont là des hauteurs exceptionnelles; la hauteur ordinaire paraît varier entre 800 et 400 mètres, et Chappe a vu à Tobolsk la hauteur verticale des nuages orageux ne point dépasser 292 et même 214 mètres.

Quel est, messieurs, l'effet des orages sur l'électricité atmosphérique? Vous pensez sans doute, conformément à l'opinion générale, que les orages sont accompagnés d'un développement très considérable d'électricité et d'une tension très forte; eh bien, vous vous trompez! rien de plus variable, rien de plus obscur que ce point de météorologie.

Pendant les orages, les indications fournies par l'électromètre varient à chaque instant; tantôt les éclairs sont très rapprochés, sans que les instruments les plus délicats donnent le moindre signe d'électricité; tantôt un seul éclair suffit pour les influencer très fortement.

Un jour, dit Kaemtz, l'orage arrive avec tous les signes d'une forte tension électrique, quelques éclairs sillonnent la nue, les deux pailles de l'électroscope retombent l'une vers l'autre, et il se passe, quelque temps avant qu'elles ne s'écartent de nouveau. Un jour la tension électrique variera à chaque coup de tonnerre; une autre fois elle restera la même pendant un quart d'heure, quoique les éclairs se succèdent rapidement. Dans un orage, les pailles s'écartent rapidement; vient un éclair, et elles se rapprochent; pendant un autre, elles retombent jusqu'à ce qu'un nouveau coup de tonnerre les fasse diverger de nouveau. L'électricité peut être longtemps positive et varier seulement dans sa force; mais bientôt la pluie, les nuages, le vent, les éclairs restant les mêmes, les pailles s'écartent, tantôt sous l'influence de l'électricité positive, tantôt sous celle du fluide contraire.

Vous ne vous étonnerez point, messieurs, de l'obscurité qui règne encore sur ce point important de météorologie, si vous réfléchissez, d'une part, aux difficultés qui entourent les observations faites pendant les orages, et d'autre part aux modifications importantes introduites dans la distribution de l'électricité atmosphérique par le vent, les mouvements et la forme des nuages, la grosseur et la direction des gouttes de pluie, la forme et le lieu des éclairs et mille autres circonstances.

Toutes les indications capricieuses de l'électroscope, dit encore Kaemtz, tiennent à ce qu'il est influencé par plusieurs couches de nuages superposées, qui, par influence, agissent et réagissent les unes sur les autres et sur la terre, de façon que les électricités se développent et se neutralisent tour à tour. Ajoutez à cela que les orages s'étendent souvent sur une superficie de plusieurs myriamètres carrés, et que l'électricité de chacune de leurs parties réagit sur l'autre.

Quelques mots maintenant sur les éclairs.

Les nuages orageux contiennent de l'électricité, soit que celle-ci ait été développée à la surface de la terre, soit qu'elle résulte de la composition des nuages eux-mêmes, qui, étant constitués par des globules vésiculaires, représentent, comme le dit Gay-Lussac, des corps conducteurs isolés. En raison de leurs hauteurs différentes dans l'atmosphère et de l'influence exercée soit par les nuages les uns sur les autres, soit par les montagnes, les arbres, les édifices sur les nuages les plus rapprochés, certaines nuées sont positives et d'autres négatives, et la même nuée peut être positive par l'un de ses points, négative par l'autre. Il en résulte que lorsqu'une surface nuageuse chargée d'une certaine électricité s'approche d'une surface nuageuse ou d'un corps quelconque chargé de fluide contraire, on voit se produire, lorsque la tension et le rapprochement sont suffisants, un éclair, qui n'est qu'une grande étincelle électrique résultant de la combinaison d'une certaine quantité de fluide négatif et de fluide positif. Or, on distingue plusieurs espèces d'éclairs.

Des éclairs serpentés, sinueux, en zigzag, formant un trait, un sillon de lumière très resserré, très mince, très arrêté sur ses bords, parfois fourchu à son extrémité inférieure, de couleurs blanche, purpurine, violacée ou bleuâtre. Au milieu des nuées volcaniques, on voit souvent des éclairs, après s'être en quelque sorte reployés sur eux-mêmes, retourner vers la région d'où ils s'étaient originairement élancés.

Des éclairs en surface, d'une lumière moins blanche, moins vive, et où domine le rouge, le bleu et le violet. Parfois ces éclairs n'illuminent que les contours des nuages d'où ils émanent; d'autres fois ils embrassent toute leur étendue. Ces éclairs sont de beaucoup plus communs. Un grand nombre de personnes, dit M. Arago, n'ont jamais vu, ou du moins n'ont jamais remarqué que ceux-là ; pendant un orage ordinaire il en surgit des milliers contre un éclair sinueux.

Dans une troisième classe, M. Arago place des éclairs sphériques, représentant un globe de feu, ayant une durée beaucoup plus longue, traversant en divers sens et avec des vitesses plus ou moins grandes l'espace compris entre les nuages et la terre.

Les éclairs superficiels se forment ordinairement entre deux nuages d'inégale hauteur; les éclairs sinueux entre un nuage et la terre, ou entre deux nuages qui sont à hauteur égale.

En général, l'éclair se meut de haut en bas; mais il peut aussi suivre la direction opposée, s'échapper du nuage par la surface supérieure, et se propager dans l'atmosphère de bas en haut. Enfin Kaemtz a vu sur des nuages de même hauteur des éclairs partir de chacun d'eux et se réunir au milieu de l'intervalle qui les séparait.

Indépendamment des éclairs dont nous venons de parler, il en existe d'autres qui portent le nom d'*éclairs de chaleur*, et qui se montrent dans une atmosphère parfaitement sereine. Or il est démontré que ces éclairs ne sont, ordinairement, que la réverbération, sur des couches atmosphériques plus ou moins élevées, d'éclairs ordinaires nés au sein d'un orage, dont la vue directe est empêchée par la forme du globe terrestre. Howard, le 31 juillet 1813, a vu à Tottenham, près de Londres, des éclairs qui n'étaient que la lueur d'éclairs orageux nés à cinquante lieues de là, entre Dunkerque et Calais. Les éclairs dits de chaleur peuvent-ils être *directs* et jaillir spontanément dans un air sans nuage ? M. Arago n'ose ni l'affirmer, ni le contester, et nous imiterons sa réserve.

Enfin, quelques faits rapportés par M. Arago tendent à prouver qu'en temps d'orage des phénomènes lumineux peuvent se produire aux parties les plus saillantes des corps terrestres, et principalement des corps métalliques, par l'entre-choquement ou l'arrivée à terre des gouttes de pluie, des flocons de neige, des grêlons ; à la surface du sol, des eaux ; suivant Maffei, Chappe et plusieurs autres, les éclairs foudroyants seraient ordinairement ascendants, à la manière des fusées, et partiraient du sol pour aller rejoindre les nuages.

La durée des éclairs est quelque chose qui rentre dans le domaine des infiniment petits, et que l'esprit humain ne saisit qu'avec peine. Il résulte des calculs de M. Wheatstone, que les éclairs sinueux et superficiels *n'ont pas une durée égale à la millième partie d'une seconde.*

Le tonnerre, que représente le petit bruit qui accompagne l'étincelle de la machine électrique, est produit par le déplacement d'air dû à l'éclair et par l'irruption de l'air environnant dans le vide formé, comme cela arrive quand on ouvre brusquement un étui fermé. Quelquefois ce bruit est clair et sec, et il en est toujours ainsi lorsque la foudre tombe à la surface du sol ; plus ordinairement il est plein, grave, et présente pendant un temps plus ou moins long des diminutions et des accroissements successifs d'intensité qui le transforment en un roulement, dont la durée varie entre deux, quatre, dix, dix-neuf ou même quarante-cinq secondes, et dont nous n'avons pas à rechercher ici le mécanisme. Les éclats du tonnerre présentent de grandes variations, et Paxton parle d'un coup de tonnerre qui produisit une détonation égale, au moins, à celle de cent pièces de canon partant à la fois.

L'éclair et le tonnerre sont donc produits simultanément ; mais, la lumière et le son ne franchissant pas l'espace avec la même rapidité ; il en résulte que notre œil perçoit l'éclair avant que notre oreille n'entende le tonnerre, et vous allez voir, messieurs, de quelle importance est l'appréciation du temps qui sépare les deux phénomènes, et qui, d'après les relevés de M. Arago, peut varier entre moins d'une demi-seconde et soixante-douze secondes.

Enfin, notons en passant qu'on a observé des éclairs non accompagnés de tonnerre, et réciproquement des coups de tonnerre non précédés d'éclairs.

Vous comprenez maintenant, ce que d'ailleurs vous saviez déjà, à savoir : que les dangers qu'un orage peut faire courir à l'homme sont inhérents à l'éclair, à la *foudre*, et que c'est par suite d'une opinion complétement erronée ou par l'usage d'une locution vicieuse que beaucoup de gens disent encore : Tel accident a été produit par l'effet du tonnerre.

Or, messieurs, si, comme les expériences modernes tendent à le prouver, le fluide électrique a une vitesse plus considérable que la lumière; si de ce fait et des observations recueillies par M. Arago il résulte que, quand vous avez aperçu l'éclair, vous n'avez plus rien à craindre de lui, et que ce n'est qu'en vue de l'éclair suivant que peuvent naître les appréhensions et que doivent être prises les précautions, vous comprenez qu'il importe de savoir si l'orage est rapproché ou au contraire éloigné de vous, et c'est précisément en tenant compte de la longueur de l'intervalle qui sépare l'éclair du tonnerre que vous pouvez arriver à cette détermination.

En effet, la vitesse de propagation de la lumière étant de 80,000 lieues par seconde, on peut négliger le temps qu'elle met à parvenir depuis le nuage orageux jusqu'à nous, puisque pour franchir dix lieues, c'est-à-dire un intervalle plus considérable que celui qui, dans nos contrées, nous sépare ordinairement des orages, elle ne met qu'un huit millième de seconde ; il en résulte qu'on peut considérer le moment où nous apercevons l'éclair comme celui où s'est produit le tonnerre, et, comme le son a une vitesse de propagation de 337 mètres par seconde, il en résulte encore que chaque seconde d'intervalle entre la perception de la foudre et celle du tonnerre correspondra à une distance de 337 mètres entre le nuage et l'observateur.

Tout ceci étant brièvement exposé, nous sommes conduit à examiner une question qui se rattache intimement à l'hygiène : celle de la distribution géographique des orages.

Pendant deux saisons d'été, Parry ne vit pas un seul orage entre le 70° et le 75° de latitude nord. Pendant trois saisons passées vers le 65°, il n'observa qu'une seule fois quelques éclairs et quelques coups de tonnerre. Au fort Franklin, par 67° 1/2, le tonnerre ne fut entendu que deux fois dans l'espace de deux années. En Irlande, par 65°, il a tonné une seule fois dans le même espace de temps.

Pline et Plutarque placent l'Egypte et l'Ethiopie parmi les contrées où il ne tonne jamais. Cette assertion ne saurait être maintenue; car on sait d'une manière certaine, aujourd'hui, qu'il tonne dans toute l'étendue de l'ancienne Ethiopie, trois ou quatre fois par an au Caire, et très souvent à Alexandrie ; mais il paraît certain, au contraire, que les orages sont entièrement inconnus dans le Bas-Pérou, par le 12° de latitude sud.

Si maintenant on se demande quels sont les lieux où il tonne le plus, on trouve que le Bas-Pérou est une exception unique dans les régions équatoriales, et que c'est manifestement dans les hautes latitudes que les orages se montrent avec leur plus grande fréquence.

M. Arago a cherché à résoudre une question qui n'est pas sans importance pour la détermination de la fixité des climats : tonne-t-il aujourd'hui aussi souvent que jadis? Sans arriver à une certitude complète, l'illustre savant a trouvé dans les historiens et les poètes grecs et latins, des documents qui le portent à penser qu'en Grèce et en Italie les orages sont aujourd'hui moins fréquents et moins intenses qu'ils ne l'étaient autrefois.

Il tonne beaucoup moins souvent en pleine mer que sur les continents. Cette assertion est confirmée par des observations recueillies dans toutes les régions du globe, et on peut admettre comme démontré que l'atmosphère océanique est beaucoup moins apte à engendrer les orages que celle des continents et des îles. « J'ai même quelque raison de croire, dit M. Arago, qu'au delà d'une certaine distance de toute terre *il ne tonne jamais.* »

Quelques circonstances locales exercent une influence remarquable sur la fréquence des orages.

Hutchinson nous apprend qu'à la Jamaïque, depuis le 1er novembre jusqu'au 15 avril, les sommets des montagnes du Port-Royal commencent à se couvrir de nuages *tous les jours* entre onze heures et midi; à une heure éclate un violent orage; vers deux heures et demie le ciel a repris sa sérénité; voilà donc la présence de montagnes qui pendant cinq mois et demi de l'année donne lieu à des orages quotidiens et périodiques. En général les orages sont plus fréquents et beaucoup plus violents dans les pays de montagnes que dans la plaine, d'abord, parce que les vents produisent une condensation plus rapide des vapeurs, et ensuite parce que les montagnes s'opposant au mouvement des nuages, l'électricité produite s'accumule pour ainsi dire dans un seul point. Souvent aussi un orage formé dans la plaine ou dans une vallée est poussé par le vent vers une chaîne de montagnes, et alors il s'y arrête. Suivant M. Boussingault, il tonne presque tous les jours à Popayan pendant une certaine saison.

A Paris il tonne, terme moyen, 14 fois par an; à Deninvilliers, entre Pithiviers et Orléans, la moyenne s'élève à 21. On compte par année, terme moyen, 42 orages à Rome et seulement 13 à Palerme.

Selon Dillwyn, il faut tenir compte de la nature du terrain ; les orages sont plus forts et plus fréquents dans les pays calcaires ; ils le sont d'autant moins, qu'une contrée renferme une plus grande quantité de mines métalliques. Dans le département de la Mayenne on trouve des masses de diorite grenue et compacte qui renferment une proportion notable de fer, et qui agissent sur l'aiguille aimantée. Or on assure que les orages les plus menaçants se dissipent ou prennent une certaine direction sous l'action conductrice de ces masses. De nouvelles observations sont nécessaires pour élucider ces intéressantes questions, et il est à désirer qu'elles aient lieu ; car, ainsi que le dit M. Arago, ce serait une grande découverte dans la physique du globe que la preuve d'une liaison intime et prononcée entre la nature géologique des terrains et le nombre ou la force des orages.

Je termine, messieurs, ce que je voulais dire de l'électricité atmosphérique par quelques chiffres que j'emprunte à l'intéressant mémoire de M. Arago, que nous avons déjà si souvent mis à contribution ; ils vous feront connaître les fréquences moyennes et extrêmes des orages dans un grand nombre de localités.

A *Paris*, par 48° 50' de latitude, 52 années d'observations, de 1785 à 1837, ont fourni les résultats suivants :

Moyenne annuelle des orages. . . 13,8

Les moyennes mensuelles sont :

Janvier 0,1, février 0,1, mars 0,3, avril 0,8, mai 2,7, juin 2,9, juillet 2,6, août 2,1, septembre 1,3, octobre 0,5, novembre 0,1, décembre 0,1.

A *Toulouse*, par 43° 1/2 de latitude nord, 7 années d'observations :

Moyenne annuelle.	15,4
Extrêmes.	4 — 24

A *Deninvilliers* près Pithiviers, par 48° lat. n., 24 années d'observations :

Moyenne annuelle.	20,6
Extrêmes.	15 — 32

A *Smyrne*, par 38° 1/2 de latitude, une seule année d'observations :

Nombre des orages dans un an. . .	19

Répartition dans les divers mois :

Janvier 2, février 4, mars 4, avril 1, mai 1, juin, juillet, août 0, septembre 3, octobre 0, novembre 1, décembre 3.

A *Buénos-Ayres*, par 34° 1/2 de latitude s., 7 années d'observations :

Moyenne annuelle.	22,6

Moyennes mensuelles :

Janvier 1,9, février 2,6, mars 2,1, avril 1,8, mai 1,7, juin, 1,1, juillet 1,3, août 1,0, septembre 2,9, octobre 2,3, novembre 1,8, décembre 2,0.

A la *Guadeloupe*, par 16° 1/2 de latitude n. :

moyenne annuelle.	37

Il ne tonne jamais pendant les mois de janvier, février, mars et décembre, et c'est dans le mois de septembre que les orages sont le plus fréquents. Il en est de même à la Martinique.

A *Rio-Janeiro*, par 23° de latitude sud, 6 années d'observations :

Moyenne annuelle.	50,7
Extrêmes.	38 — 77

Répartition par mois :

Janvier 10,2, février 9,3, mars 4,0, avril 1,7, mai 0,8, juin 0,7, juillet 1,3, août 1,1, septembre 2,8, octobre 3,7, novembre 6,0, décembre 9,0.

A *Patna* dans l'Inde, par 25° 37' de latitude n., une seule année d'observations :

Nombre des orages.	53

A *Calcutta*, par 22° 1/2 de latitude n., une seule année d'observations :

Nombre des orages. 60

Répartition par mois :

Janvier 0, février 4, mars 6, avril 5, mai 7, juin 8, juillet 6, août 10, septembre 9, octobre 5, novembre et décembre 0.

A *Berlin*, par 52° 1/2 de lat. n., 15 années d'observations :

Moyenne annuelle. 18,4
Extrêmes. . . . . 11 — 30

A *Strasbourg*, par 48° 1/2 de lat. n., 20 années d'observations :

Moyenne annuelle. 17
Extrêmes. . . . . 6 — 21

A *Utrecht*, par 52° de lat. n. :

Moyenne annuelle. 15
Extrêmes. . . . . 5 — 23

A *Athènes*, par 38° lat. n., 3 années d'observations :

Moyenne annuelle. 11
Extrêmes. . . . . 7 — 18

A *Saint-Pétersbourg*, par 60° lat. n., 11 années d'observations.

Moyenne annuelle. 9,2

Répartition par mois :

Janvier, février, mars 0, avril 0,7, mai 2,7, juin 2,1, juillet 2,5, août 0,9, septembre 0,1, octobre 0, novembre 0,1, décembre 0.

A *Londres*, par 51° 1/2 de lat. n., 13 années d'observations :

Moyenne annuelle. 8,5
Extrêmes. . . . . 5 — 13

Répartition par mois :

Janvier 0, février 0,2, mars 0,4, avril 0,4, mai 1,8, juin 1,4, juillet 2,0, août 1,3, septembre 0,4, octobre 0,4, novembre 0,2, décembre 0,1.

A *Pékin*, par 40° lat. n., 6 années d'observations :

Moyenne annuelle. 5,8
Extrêmes. . . . . 3 — 14

Répartition par mois :

Janvier, février, mars 0, avril 0,2, mai 0,5, juin 2,0, juillet 1,7, août 1,0, septembre 0,3, octobre 0,1, novembre et décembre 0.

Au *Caire*, par 30° lat. n., 2 années d'observations :

Moyenne annuelle. 3,5
Extrêmes. . . . . 3 — 4

Répartition par mois :

Janvier 1,0, février 0, mars 0,5, avril 1,0, mai, juin, juillet, août, septembre et octobre 0, novembre 0,5, décembre 0,5.

Voici beaucoup de chiffres et des détails bien arides, messieurs ; mais très souvent vous serez interrogés sur la fréquence des orages dans les différents points du globe, et peut-être alors serez-vous bien aises de pouvoir répondre avec précision.

Je ne me dissimule point, d'ailleurs, que mon enseignement est en quelque sorte double, et que vous êtes en droit de m'en faire un reproche; mais si maintenant je fais précéder le cours d'hygiène d'un exposé des notions élémentaires de la météorologie, comme je compte bientôt le faire précéder d'un exposé des notions élémentaires de la géologie, c'est parce que je crains que ces connaissances ne vous soient pas très familières. Si je me trompe, veuillez me le dire; mais souvenez-vous que la météorologie et la géologie tendent à occuper une place de plus en plus importante en médecine; qu'elles se lient aux plus hautes, aux plus intéressantes questions de l'étiologie et de la pathogénie; qu'elles sont à l'ordre du jour, et qu'il n'est plus permis à un médecin d'y demeurer étranger, sous peine de perdre le rang intellectuel qu'il doit occuper dans la société et le prestige qu'il doit exercer sur ses malades ; souvenez-vous que ces sciences sont la seule base véritablement solide sur laquelle puisse s'appuyer la partie la plus féconde de l'hygiène : celle qui embrasse l'étude des modificateurs cosmiques; et laissez-moi vous dire encore une fois, car c'est une conviction que n'accompagne aucun espoir personnel, laissez-moi vous dire que le cours d'hygiène, ainsi assis et développé, serait certainement un des plus utiles de cette Faculté et qu'il devrait en être un des plus suivis, par cette seconde raison que l'exercice de la médecine, l'expérience, l'observation ne vous donneront jamais les connaissances que vous aurez négligé d'acquérir ici, et que les exigences de la pratique ne vous permettront pas de vous livrer aux longues et difficiles recherches auxquelles j'ai consacré tout mon temps dans le désir de vous rendre mon enseignement profitable.

SEPTIÈME LEÇON.

DE L'ÉLECTRICITÉ (suite). — *De l'électricité animale.*

« Quand on réfléchit un instant, dit M. Gavarret, à la constitution des êtres organisés et aux phénomènes qui se manifestent pendant l'état de vie, il est difficile de se soustraire à cette idée, que dans les êtres vivants le contact de tant de matières hétérogènes pressées, frottées les unes contres les autres, inégalement chauffées, et surtout les réactions chimiques si nombreuses qui accompagnent sous toutes les formes le grand phénomène de la nutrition, doivent être des causes incessantes de production d'électricité dynamique. »

Depuis Galvani jusqu'à nos jours, cette importante question a, en effet, préoccupé les hommes les plus éminents; mais si de belles et nombreuses découvertes ont été faites, nous allons voir que la science est encore bien loin d'avoir dit son dernier mot sur ce grave sujet.

Quel est le rôle que joue l'électricité dans l'organisation ?

Vous savez, messieurs, qu'il existe un grand nombre d'animaux inférieurs qui, dans certaines circonstances, deviennent le siége de phénomènes lumineux, et qui, pour ce fait, ont été appelés *animaux phosphorescents.* Il en est ainsi pour une myriade d'infusoires, de mollusques, de crustacés, de méduses, dont la présence dans les mers tropicales donne naissance à un singulier phénomène déjà signalé par Spallanzani, et étudié depuis avec soin par MM. Quoy et Gaymard, Matteucci, Meyer, Ehrenberg, de Quatrefages, Becquerel et Breschet, etc. Dans certains parages la plus faible agitation des flots de la mer en fait jaillir des lueurs bleuâtres, et souvent même des scintillations. A peu de distance de Venise il suffit de jeter le corps le plus léger dans les eaux de la Brenta pour produire de la lumière, non-seulement dans le point frappé, mais encore dans toutes les ondes d'ébranlement du liquide;

lorsque l'on écrase des biphores ou des béroés dans de l'eau, celle-ci devient immédiatement phosphorescente.

Un grand nombre d'insectes, d'annélides, de radiaires, de polypiers, présentent également des phénomènes de phosphorescence, et tous vous connaissez ceux qui se manifestent dans les lampyris, vulgairement appelés *vers luisants.*

Si l'on recherche la cause de ces phénomènes de phosphorescence, on voit que chez certains animaux, les insectes, par exemple, la production de lumière est intimement liée à l'acte de la respiration, et qu'elle est due à la combustion lente d'un produit spécial de sécrétion au moyen de l'oxygène de l'air; dans d'autres cas, l'état lumineux est produit par une sorte de mucus qui recouvre l'animal; chez quelques mollusques et crustacés il existe un appareil particulier qui paraît être l'instrument de la phosphorescence; enfin M. de Quatrefages a montré que dans les annélides la phosphorescence se développe dans la fibre musculaire.

Dans tous les cas on peut admettre que la phosphorescence est le résultat d'une combustion lente; mais comment cette combustion, qui ne s'opère qu'avec une faible élévation de température, peut-elle devenir une source de lumière?

M. Becquerel père explique ce phénomène de la manière suivante : La combustion opère la décomposition du fluide électrique neutre; mais les fluides de noms contraires tendent à se réunir, et cette recomposition, chez les animaux qui sont mauvais conducteurs, s'accomplit en produisant des phénomènes lumineux.

Des phénomènes électriques beaucoup plus remarquables et plus tranchés ont lieu chez certains poissons et en particulier chez les gymnotes et les torpilles.

Les poissons électriques étaient connus des anciens, qui avaient même essayé d'en tirer parti pour le traitement de certaines maladies auxquelles nous appliquons encore aujourd'hui l'électricité. Mais ce n'est que depuis Galvani qu'ils ont été bien étudiés par Redi, Volta, Walsh, de Humboldt, Gay-Lussac, Davy, Becquerel père et surtout Matteucci.

Si l'on prend entre les mains une torpille vivante, on perçoit dans les poignets et les bras une secousse violente et douloureuse, qui, pendant quelque temps, se reproduit énergiquement à de courts intervalles. Le contact immédiat n'est pas nécessaire, et les pêcheurs de l'Adriatique reçoivent une secousse assez vive au moment où ils tirent de l'eau les filets contenant des poissons électriques; lorsqu'on touche l'animal par l'intermédiaire d'un corps isolant aucune secousse n'est perçue.

La production de la décharge est sous l'empire de la volonté du poisson, mais la direction en est indépendante.

Tels sont, en résumé, les phénomènes que l'on observe chez les torpilles et les gymnotes ; à quelle cause doit-on les rattacher? Davy, ayant placé les extrémités des fils de platine d'un galvanomètre l'une en contact avec le dos, l'autre avec le ventre de l'animal, constata que l'aiguille était déviée avec une grande énergie ; de nouvelles expériences faites par MM. Becquerel et Matteucci ont démontré d'une manière irréfragable l'existence d'un courant électrique produit par l'animal, dont le dos représente le pôle positif, tandis que son ventre constitue le pôle négatif. Davy a prouvé que le courant du poisson a toutes les propriétés des courants électriques dont disposent les physiciens, car il a pu par son action rendre magnétique une aiguille d'acier et même obtenir de faibles effets chimiques ; en disposant à la surface du corps du poisson des grenouilles préparées à la manière de Galvani, on les voit se contracter au moment de la décharge; enfin, MM. Matteucci et Linari sont parvenus à obtenir l'étincelle déjà vue par Walsh, Ingenhouse et Talkberg. Aujourd'hui, dit M. Gavarret, rien n'est plus facile que d'obtenir des étincelles et presque tous les effets chimiques et physiques des courants voltaïques ordinaires, M. Matteucci ayant d'ailleurs démontré que le courant de la torpille doit être rapproché des courants produits par les piles hydro-électriques.

La nature électrique du phénomène ne saurait donc être mise en doute, et, si l'on en recherche les conditions de production, on trouve que tous les poissons électriques possèdent un organe particulier recevant des filets nerveux très nombreux venant, d'après les recherches de M. Jobert, de la cinquième paire chez les torpilles et des nerfs spinaux chez la gymnote, composé de lames fibreuses entre-croisées de manière à circonscrire des espaces plus ou moins réguliers, remplis d'une matière albumino-muqueuse, dont la présence est une des conditions du phénomène ; car, si on la coagule par un acide ou de l'eau bouillante, la fonction de l'organe électrique est abolie; il en est de même lorsque l'on interrompt toute communication entre l'organe et le cerveau.

Les agents extérieurs ont une action très puissante sur les phénomènes électriques. Si la température de l'eau dans laquelle est plongée une torpille est abaissée jusqu'à 0, la décharge ne peut plus se produire; elle se manifeste entre 15 et 20°, et elle atteint son maximum de fréquence et d'intensité à + 30°, bien que l'animal ne tarde pas alors à succomber.

La noix vomique, la strychnine à faibles doses augmentent considérablement la faculté de produire des commotions, et tous les irritants ont le même effet; mais, d'après les recherches de M. Matteucci, l'électricité elle-même est l'agent qui exerce l'action la plus puissante; chose bien curieuse qui nous montre, dit M. Gavarret, un nerf excité par un agent électrique extérieur aller mettre en jeu la fonction d'un appareil qui produit à son tour un courant voltaïque.

De tous ces faits, il résulte que certains poissons possèdent un appareil qui a pour fonction de produire, par une action inconnue, de l'électricité sous l'influence immédiate du système nerveux.

Si des poissons nous passons aux grenouilles, nous rencontrons des phénomènes électriques non moins remarquables.

Galvani, comme vous le savez, avait montré qu'en repliant les muscles dénudés de la jambe d'une grenouille de façon à les mettre en contact avec les nerfs lombaires, on provoquait une contraction musculaire que Volta prétendit rattacher à la théorie de la force électro-motrice et expliquer par le contact de deux substances hétérogènes : la substance nerveuse et la substance tendineuse, entre lesquelles se trouvait interposé un liquide animal. Cette explication fut renversée par les expériences d'Aldini, qui démontra que la contraction avait également lieu lorsque la communication entre les muscles et les nerfs était établie par l'intermédiaire d'un autre animal ou même du corps de l'observateur; Aldini prouva, en outre, que, dans ce cas, toute commotion cessait aussitôt que l'axe conducteur était interrompu par un corps isolant. M. de Humboldt compléta cette série de faits par une expérience fort curieuse; il constata que, pour produire une contraction avec un membre isolé, il suffisait de toucher avec les doigts humides deux points différents du nerf.

Les effets que nous venons d'indiquer sont absolument ceux que l'on obtient en faisant passer un courant électrique direct à travers les nerfs et les muscles de la grenouille, et il y avait lieu de supposer, par conséquent, qu'ils étaient dus à un courant électrique développé dans l'organisme. La preuve manquait toutefois : elle fut fournie par Nobili au moyen de l'ingénieuse expérience suivante : On plonge les jambes préparées d'une grenouille dans une capsule de verre pleine d'eau et les nerfs lombaires dans une seconde capsule ; on ferme le circuit en plaçant les extrémités du fil d'un galvanomètre dans chacune des capsules, et immédiatement une déviation a lieu ; on reconnaît, d'ailleurs, que le courant marche des jambes aux nerfs, c'est-à-dire vers la partie supérieure de l'animal. L'intensité du courant augmente si l'on immerge les parties dans une solution alcaline ou acide.

Si l'on fait l'expérience avec une grenouille dénudée tout entière, en plongeant dans l'une des capsules les deux jambes, et dans l'autre la tête et le dos de l'animal, le courant se produit également, et la déviation de l'aiguille indique qu'il est dirigé des pieds à la tête.

Le courant peut être obtenu avec une grenouille vivante, et l'on produit une vive contraction en mettant une cuisse dénudée de l'animal en contact avec un nerf spinal attiré au dehors.

Dans le but d'obtenir des effets plus marqués, M. Matteucci a construit une véritable pile animale en procédant de la manière suivante : sur un morceau de taffetas verni destiné à jouer le rôle de corps isolant, on place à la suite les unes des autres plusieurs grenouilles disposées de telle façon que les nerfs lombaires de l'une soient toujours en contact avec les jambes de la suivante. Cette série se termine d'un côté par des nerfs, de l'autre par des muscles, et ces deux extrémités représentent les deux pôles de la pile. En les faisant plonger dans deux capsules pleines d'eau et en immergeant en même temps les deux extrémités du fil galvano-électrique, on obtient une déviation très prononcée.

Dans toutes ces expériences, on peut constater que le courant est continu.

La température et la respiration exercent un influence puissante sur la production du phénomène ; le froid l'abolit, la chaleur le rétablit ; et lorsqu'il a disparu par l'action du froid, il suffit de faire arriver de l'oxygène dans la bouche de l'animal pour faire reparaître le courant électrique.

Le courant est aboli par la convulsion tétanique des muscles ; il persiste après la section de la moelle épinière, et il résulte des expériences concluantes de MM. Matteucci et Person que le système nerveux n'entre pour rien dans la production des courants. Retenez bien, messieurs, cette dernière proposition : nous en ferons bientôt ressortir toute l'importance.

En résumé, il existe dans la grenouille un courant musculaire continu, analogue aux courants hydro-électriques, dirigé des membres inférieurs vers l'extrémité supérieure, dont la production est puissamment influencée par la température et la respiration, *le système nerveux ne jouant que le rôle secondaire de conducteur, et conduisant même moins bien que d'autres parties de l'organisme.*

Mais la science n'en est point restée là ; des expériences plus récentes ont démontré que l'électricité animale n'appartient pas seulement à telle ou telle espèce, qu'elle n'exige point la présence d'un appareil spécial ; mais qu'elle constitue un fait général commun à toute la série des êtres, et en rapport avec la fonction la plus caractéristique de l'animalité : la locomotion.

En effet, M. Matteucci a constaté que *sur un animal quelconque, vivant ou récemment mort*, il existe un courant électrique dans tout muscle, l'intérieur et la surface de celui-ci jouant le rôle de pôles de nom contraire.

L'habile physicien de Pise, dit M. Gavarret, a coupé sur divers animaux, depuis les mammifères les plus élevés jusqu'aux poissons, des tranches musculaires, de façon à avoir sur chacune une portion de surface intacte ; puis il a placé sur un appareil isolant ces masses musculaires les unes à la suite des autres, de manière à former une pile. Les deux extrémités de cette pile, intérieur et surface, sont plongées dans des capsules pleines d'eau, où se trouvent les extrémités du fil d'un galvanomètre, et aussitôt l'aiguille est déviée de façon à accuser un courant dirigé de l'intérieur à la surface du muscle, celle-ci représentant le pôle positif, celui-là le pôle négatif. Il suffit de renverser la pile musculaire sans toucher aux électrodes pour renverser le sens du courant, lequel, toutes choses égales d'ailleurs, est d'autant plus intense, que le nombre des éléments employés est plus considérable.

Il résulte des expériences de M. Matteucci :

Que le courant musculaire est d'autant plus intense pendant la vie, que sa durée après la mort est d'autant plus courte que l'animal est plus haut placé dans la série des êtres;

Que l'intensité du courant varie avec le degré de nutrition du muscle, et qu'il est toujours plus fort dans les muscles gorgés de sang ou enflammés ;

Que le courant est tout à fait indépendant de l'intégrité et de l'activité du système nerveux moteur et sensorial ;

Que l'intensité du courant est moins forte quand les éléments communiquent au moyen de filets nerveux que lorsqu'ils sont en contact direct, d'où il résulte que la fonction des nerfs dans un courant musculaire se réduit à celle d'un corps très peu conducteur.

Que le courant est probablement dû à la nutrition, c'est-à-dire aux réactions qui se manifestent dans les réseaux capillaires entre les éléments du sang et l'oxygène absorbé dans le poumon au moment où est produite la chaleur animale.

Enfin, ajoutons que M. Matteucci a obtenu des courants plus faibles, mais analogues à ceux dont nous venons de parler, en employant comme éléments de la pile, non plus du tissu musculaire, mais divers tissus, tels que ceux du foie, du cerveau, du poumon et du cœur.

Quelle est la cause des courants organiques ? Sans entrer dans des détails qui nous entraîneraient beaucoup trop loin, nous dirons qu'il y a lieu de penser qu'ils se produisent, comme la phosphorescence, par suite de la décomposition du fluide neutre par une action chimique, et de la recomposition des deux fluides de nom contraire.

Y a-t-il production d'électricité pendant la contraction musculaire ? MM. Becquerel et Matteucci ont été conduits, par diverses expériences qu'il serait trop long de vous exposer, à répondre par l'affirmative ; dans une note récente adressée à l'Académie des sciences, M. Matteucci établit qu'il y a production d'électricité dans un muscle au moment de la contraction, que le phénomène électrique est instantané et consiste dans une décharge qui parcourt la masse musculaire dans le sens même de la ramification de ses gros troncs nerveux, enfin que le phénomène électrique de la contraction musculaire est indépendant des courants électriques de l'organisme vivant.

On a dû rechercher, comme vous le pensez bien, si de l'électricité ne se développe point dans l'organisme en dehors des conditions que je viens de vous faire connaître, et le système nerveux a tout d'abord fixé l'attention des expérimentateurs.

Galvani, se fondant sur la contraction des muscles de la grenouille mis en contact avec les nerfs, proclama que sous l'empire de la volonté les centres nerveux dégageaient de l'électricité qui, conduite par les nerfs, allait exciter tous les muscles; Reil et Rolando adoptèrent ces idées ét firent du cervelet une véritable pile, dont les pôles étaient représentés par les substances grise et blanche; MM. Prevost (de Genève) et Beraudi annoncèrent que des aiguilles implantées dans le nerf sciatique d'une grenouille et dans le nerf crural d'un lapin étaient devenues magnétiques; MM. Lembert et Jobert prétendirent avoir vu, sur des animaux vivants, la moelle épinière et le cerveau mis à nu exercer une attraction sur des fils métalliques voisins; M. David assura avoir constaté dans le nerf sciatique d'un lapin, pendant la contraction musculaire, un courant capable de dévier d'une manière sensible l'aiguille du galvanomètre; enfin, MM. Puccinotti et Paccinotti crurent également reconnaître l'existence d'un courant électrique dirigé du cerveau aux muscles à travers les filets nerveux. Toutes ces assertions ont été contrôlées, toutes ces expériences ont été reprises par MM. Prevost et Dumas, Person, Matteucci, Longet, et de ces vérifications faites par les hommes les plus expérimentés dans la matière, on peut conclure avec M. Gavarret qu'en mettant de côté le courant propre de la grenouille, il n'existe pas dans la science un seul fait avéré qui démontre l'existence de courants électriques dans le système nerveux des animaux, soit à l'état de repos, soit pendant les contractions musculaires.

Wollaston et M. Donné ont cherché à rattacher les sécrétions à des phénomènes électriques ; mais ils ne sont arrivés à aucun résultat de quelque valeur.

Bellingeri a longuement discuté sur l'état électrique du sang, de l'urine, de la bile, ainsi que Hales, Vassali, Pfaff et plusieurs autres; on a prétendu que le sang artériel et le sang veineux étaient dans des états électriques différents. M. Dutrochet croit que chaque globule sanguin constitue un couple dans lequel le noyau joue le rôle d'élément négatif, et la matière colorante albuminoïde celui d'élément positif. Mais il est facile, comme le dit M. Regnauld, de juger de la valeur de cette théorie en se rappelant que chez un grand nombre d'animaux, et chez l'homme en particulier, les globules hématiques sont dépourvus de noyau. MM. Pouillet, Matteucci, Müller n'ont jamais pu découvrir dans aucun liquide de l'organisme la plus légère trace d'électricité libre.

Pfaff et Ahrens pensent que dans l'état de santé le corps humain est chargé d'électricité positive, que celle-ci est plus considérable chez les individus sanguins que chez les sujets lymphatiques, que son dégagement est augmenté par les boissons spiritueuses. On cite des individus chez lesquels des étincelles électriques se sont échappées des doigts et des cheveux; mais jusqu'à présent il est impossible de se prononcer sur l'existence de l'électricité que l'action vitale développerait dans le corps des animaux et de l'homme en particulier.

Cependant, les hypothèses qui consistent à considérer le système nerveux comme une pile et le fluide nerveux comme un fluide analogue, ou semblable, au fluide électrique n'ont pas été abandonnées, et aujourd'hui encore elles comptent des promoteurs plus ou moins éclairés. Vous savez que plusieurs médecins font jouer à la théorie électrique de l'innervation un rôle important dans la pathogénie et la curation d'un grand nombre de maladies, et vous savez aussi que cette même théorie est invoquée par les continuateurs de Mesmer pour expliquer les prétendus miracles du magnétisme animal. Je n'ai pas l'intention, vous le pensez bien, de vous exposer et de discuter ici toutes les idées qui ont été émises, tous les faits qui ont été produits par les adeptes; mais je veux, cependant, vous dire quelques mots des points de doctrine qui se rattachent directement à la question de l'électricité animale.

Dans un ouvrage (*Nouvelle théorie de l'action nerveuse et des principaux phénomènes de la vie;* Paris, 1845) où l'hypothèse prend la place du fait démontré, où l'erreur se trouve singulièrement entremêlée à la vérité, M. Durand, de Lunel, cherche à établir :

Que le système nerveux cérébro-spinal et le système ganglionaire ne forment qu'un seul et même appareil;

Que le premier, en communication avec les corps extérieurs, est un parfait conducteur des fluides nerveux et électrique; tandis que le second, en rapport avec la partie intime des organes, est un conducteur imparfait de ces mêmes fluides, qu'il peut par conséquent *conserver en dépôt* soit dans ses rameaux, soit dans ses ganglions;

Que toute impression exercée sur les extrémités ou dans l'intimité de l'appareil nerveux y détermine des courants électriques qui vont influencer le centre général;

Que le sang, le calorique, les modificateurs extérieurs sont des agents impressifs de qualité électrique s'appliquant aux extrémités des systèmes nerveux bon et mauvais conducteurs;

Que le fluide électrique en circulation dans l'organisme, à la suite des diverses impressions, y produit des courants électriques normaux qui, en s'exagérant ou en se modérant, produisent l'excitation ou la sédation;

Qu'il existe dans le centre céphalo-rachidien un réservoir, imparfait conducteur, dans lequel le fluide électro-positif, en s'y accumulant, excite un principe particulier sensitif, le *principe animal*, l'AME, qui a la faculté de retenir plus ou moins longtemps ce fluide, ou du moins de le diriger à sa guise vers les extrémités musculaires pour modifier le jeu des impressions externes, selon qu'elles suscitent en lui un sentiment de convenance ou de non-convenance.

Voici, messieurs, le spécimen de la physiologie et de la psychologie créées par M. Durand, de Lunel; la pathologie n'en est qu'un corollaire : toutes les maladies se rattachent à l'intensité et à la faiblesse des courants, à la manière dont les fluides se distribuent, s'accumulent, s'épuisent, se neutralisent, s'attirent, se repoussent.

L'asthénie est le résultat direct du calme anomal des courants nerveux normaux; l'excitation, l'inflammation se montrent dans les circonstances opposées.

Un médecin de Paris, un ancien interne des hôpitaux, M. Baraduc, a publié récemment, sous le titre de : *Etudes théorique et pratique des affections nerveuses considérées sous le rapport des modifications qu'opèrent sur elles la lumière et la chaleur* (Paris, 1850), un livre dont je veux également vous faire connaître le caractère.

Le rayon solaire, d'après M. Baraduc, est composé de fluide lumineux et de fluide calorifique; celui-ci est le principe de la vie considéré au point de vue du mouvement, celui-là est le principe de la vie au point de vue du sentiment.

Les animaux jouissent de la faculté de décomposer le rayon solaire, et ils absorbent une portion du fluide lumineux, laquelle détermine le degré de tonicité qui constitue la santé et la force.

Le fluide lumineux est le stimulant général du système nerveux, et de la substance médullaire blanche en particulier.

Le fluide nerveux n'est qu'une modification de l'électricité vitrée et résineuse, et ces électricités, elles-mêmes, ne sont qu'une modification des fluides lumineux et calorifique.

Si l'on compare la vitesse de transmission du fluide nerveux, qui transmet les impressions au cerveau et la volonté du cerveau aux organes chargés de l'exprimer, à la vitesse de transmission des fluides lumineux et calorifique, on trouve que, la lumière parcourant 1 mètre de distance dans trente-deux dix-billionièmes de seconde ou, plus exactement, trois cent vingt-deux cent-billionièmes, une impression reçue au gros orteil parcourt l'espace qui sépare cet organe du cerveau, ou qu'un courant moteur devant exprimer une volonté parcourt l'espace qui sépare le cerveau des muscles du gros orteil *dans soixante-quatre dix-billionièmes ou, plus exactement, six cent quarante-quatre cent-billionièmes de seconde chez un homme d'une taille de deux mètres.*

Trente-deux dix-billionièmes ou, plus exactement, trois cent vingt-deux cent-billionièmes de seconde expriment la distance qui sépare le cerveau des muscles de la main chez un homme de taille élevée!

Les différences de temps corrélatives aux différences de taille expliquent pourquoi il existe plus d'énergie et d'activité chez les hommes et les femmes de taille moyenne que chez les sujets de taille élevée.

La prédominance d'action de la substance blanche sur la grise, ou *vice versâ*, ne détermine-t-elle pas les différences de tempéraments si remarquables chez les femmes du Nord et chez les femmes du Midi, et qui font que la femme blonde est plus sensible et plus aimante, et la femme brune plus active et plus passionnée?

La substance blanche, par son aptitude à absorber le fluide lumineux, et la substance grise, par son aptitude à développer du fluide calorifique, se chargent l'une et l'autre du fluide qui leur est propre, et du conflit des deux fluides naissent la sensibilité et la contractilité. Or, la sensibilité détermine la sympathie ou l'attraction ; la contractilité produit l'antipathie ou la répulsion : le fluide lumineux serait donc le fluide attractif, et le fluide calorifique le fluide répulsif.

Il se passerait donc dans le système cérébro-rachidien et ganglionaire un phénomène électro-vital qui aurait quelque analogie avec le phénomène électro-magnétique *qui se passe dans les nuages* chargés de fluide lumineux et de fluide calorifique, avec la différence qui résulterait de la modification exercée sur les fluides par des organes doués de vie. Cette modification donnerait lieu à la formation du fluide nerveux ou fluide vital.

Après être entré dans de longs développements anatomiques et physiologiques, qui ne sont qu'une série d'hypothèses, d'assertions dénuées de preuve, M. Baraduc déclare que la substance grise se charge d'électricité négative, tandis que la substance blanche se charge d'électricité positive; que la substance grise est le siége de la faculté réflective; que le courant impressif résulte de l'action de l'électricité négative de la substance grise sur l'électricité positive de la substance blanche, etc., etc.

La faculté réflectrice générale donne naissance à l'*être moral*, qui est le résultat immatériel à l'aide duquel l'âme se met en rapport avec la matière.

En résumé, le cerveau, le cervelet, la moelle épinière, le grand sympathique, sont de véritables piles électro-vitales, dont les fils conducteurs sont représentés par les cordons nerveux, et surtout par le névrilème qu'isole la couche plus ou moins épaisse de substance grasse, ou de matière oléo-séreuse ou séreuse, qui l'entoure. Le fluide nerveux n'est autre chose que le fluide électrique émané du rayon solaire et modifié par l'organisme animal.

Je m'arrête, messieurs, et je vous prie de me pardonner ces trop longues citations; mais je les ai empruntées à un médecin qui, au milieu de ces aberrations singulières, a fait preuve néanmoins d'intelligence, de connaissances médicales, et j'ai voulu vous montrer jusqu'où l'on peut se laisser égarer lorsqu'abandonnant l'observation rigoureuse, l'expérimentation scientifique, le domaine des faits, en un mot, on se lance dans le champ sans limites des théories et des hypothèses. Les emprunts que j'ai faits à M. Baraduc ont d'ailleurs l'avantage de vous donner un spécimen fidèle de la

8

science telle que la comprennent la plupart des champions du fluide électro-vital; et si nous faisions intervenir les auteurs d'outre-Rhin, nous tomberions même dans une logomachie encore plus inintelligible.

Mais les partisans du fluide électro-nerveux ne franchissent pas, du moins, les limites du monde physique; leurs hypothèses ne sont qu'une extension exagérée, qu'une application non justifiée de lois, de faits véritablement acquis à la science; elles n'évoquent pas, en définitive, le surnaturel, le *quid divinum*, et la magnifique découverte des agents anesthésiques doit nous rendre circonspects dans nos déclarations d'*impossibilité* en ce qui touche aux phénomènes de l'innervation.

Il n'en est plus de même, messieurs, si nous abordons les doctrines des mesmériens, de ceux qui, se fondant sur quelques faits bizarres de catalepsie, de somnambulisme naturel et sur leurs propres expériences, admettent l'existence d'un agent spécial, du *fluide magnétique animal*, auquel ils font jouer un rôle prépondérant dans l'accomplissement des principales fonctions; ici nous tombons en plein dans le monde surnaturel et nous arrivons à la transposition des sens, à la vision s'opérant à travers un corps opaque, à l'état magnétique qui permet à un homme de deviner ce qui se passe à deux mille lieues de lui, qui lui permet de lire dans la pensée de son semblable!

Et je ne parle pas ici de ces industriels dont les prouesses se dénouent si souvent devant la police correctionnelle; je ne parle pas de ces artistes en magnétisme qui font concurrence à Robert-Houdin; je ne parle pas de ces mystifications dont le mot se trouve dans le bandeau de mademoiselle Pigeaire, dans les confessions de M. Frappart, dans les piquantes révélations de M. Dechambre (voyez Burdin jeune et Dubois (d'Amiens), *Histoire académique du magnétisme animal;* Paris, 1841); je parle de doctrines qui ont eu le droit, jusqu'à un certain point, de s'abriter sous les noms de Georget, de M. Husson et de quelques autres hommes d'une incontestable autorité; je parle de doctrines qui sont acceptées et défendues par les représentants les plus illustres de cette philosophie métaphysique, théologique, que les tendances de quelques hommes menacent de remettre en honneur, sinon par la persuasion et la foi, du moins par la violence et l'intimidation.

Voulez-vous connaître la voie dans laquelle cette philosophie a la prétention de vous engager ?

L'ontologie ou la métaphysique pure et transcendante, basée sur la parole divine et la révélation, est la science des principes qui fournit les prémisses nécessaires à toutes les autres sciences.

L'anthropologie part des données que lui fournit l'ontologie sur l'origine et la nature de l'homme.

Quoique le sens ne puisse s'exercer que par un organe, cependant il n'est pas attaché exclusivement à tel organe, ni surtout à la forme organique. Ainsi la vue, qui fonctionne *ordinairement* (*sic*) par le nerf optique et le globe de l'œil, peut néanmoins agir et être impressionnée par une autre voie. Les somnambules qui arrivent à la clairvoyance magnétique, soit naturellement, soit artificiellement, à la suite de certaines manipulations voient les yeux fermés ce que nous n'apercevons pas avec nos yeux ouverts. Ils distinguent les choses à de grandes distances ou à travers des milieux opaques; ils perçoivent ce qui se passe dans un corps malade, le siége de la maladie, etc.; ils lisent une lettre cachetée et placée sur l'épigastre, *et autres choses de ce genre* (ce qui veut dire pour nous, messieurs, *ejusdem farinæ*).

La vue est le sens de la manifestation, le goût celui du mystère; or mystère et manifestation sont l'être et l'existence, le subjectif et l'objectif dans chaque chose. Le mystère se perçoit par le goût et non par la vue; autrement il ne serait point mystère. La manifestation se perçoit par la vue et non par le goût, autrement elle ne serait pas la lumière. L'homme ne peut donc connaître l'être qu'autant qu'il a le goût de l'être, et ce goût, nourri et cultivé en lui, fait sa sagesse. Il ne peut connaître l'existence qu'autant qu'il en a l'évidence par la lumière, et cette évidence fait la science. Or la science et la sagesse qui proviennent de l'évidence et du goût sont au-dessus de tout argument; car on ne dispute point des goûts.

L'odorat est pour ainsi dire un sens auxiliaire du goût, c'est-à-dire du sens du mystère. Or, de même qu'une fleur épanouie exhale une douce odeur en répandant autour d'elle l'esprit qui l'anime et qui vient affecter agréablement notre organe, ainsi une âme pleine d'innocence, de vertu et de charité, s'ouvrant avec amour sous l'influence vivifiante du soleil des âmes, rayonne autour d'elle l'esprit céleste qui la remplit ; c'est ce qu'on appelle la bonne odeur d'une sainte vie. Ce qui peut servir à expliquer, jusqu'à un certain point, ce qu'on raconte des corps des saints, à savoir, qu'ils exhalent souvent après la mort, et même longtemps après leur inhumation, une odeur agréable. L'esprit divin dont les âmes qui habitaient ces corps étaient abondamment pénétrées a pu y laisser des émanations vivifiantes capables d'en empêcher la corruption, comme cela arrive d'ailleurs par l'embaumement avec des substances aromatiques ! !

Ne riez pas, messieurs ! ces paroles ne sont pas empruntées aux élucubrations de quelque obscur illuminé ; elles ne sont pas le rêve d'une imagination en délire, et vous reconnaîtrez leur signification et leur gravité lorsque vous saurez qu'elles sont textuellement extraites d'un ouvrage publié à Paris, en plein dix-neuvième siècle, en 1839 ; d'un ouvrage qui a pour titre : *Psychologie expérimentale* et pour auteur M. l'abbé Bautain, vicaire général et promoteur de l'archevêché de Paris, docteur en médecine, ex-professeur de philosophie, ex-directeur du collége de Juilly, aujourd'hui membre du conseil supérieur d'instruction publique et ayant dans ses attributions la Faculté de médecine de Paris ! !

Messieurs, toutes convictions sont respectables, et je veux admettre qu'un homme d'une intelligence et d'une instruction évidemment supérieures puisse croire les choses que je viens de vous rapporter ; mais, avant de vous engager dans une voie définitive, vous aurez à déterminer la base sur laquelle devront être assises vos convictions, et après vous avoir fait connaître celle que fournit la philosophie métaphysique et théologique, je dois mettre sous vos yeux celle que vous offre la philosophie positive.

Chaque branche de nos connaissances, dit M. Aug. Comte, passe successivement par trois états théoriques différents : l'état théologique ou fictif ; l'état métaphysique ou abstrait ; l'état scientifique ou positif. En d'autres termes, l'esprit humain emploie successivement dans ses recherches trois méthodes de philosopher dont le caractère est essentiellement différent : d'abord la méthode théologique, ensuite la méthode métaphysique, et enfin la méthode positive. La première est le point de départ nécessaire de l'intelligence humaine ; la troisième, son état fixe et définitif ; la seconde est uniquement destinée à servir de transition, et chacun de nous, en contemplant sa propre histoire, ne se souvient-il pas qu'il a été successivement, quant à ses notions les plus importantes, théologien dans son enfance, métaphysicien dans sa jeunesse et physicien dans sa virilité?

Dans l'état théologique, l'esprit humain, dirigeant essentiellement ses recherches vers la nature intime des êtres, les causes premières et finales de tous les effets qui le frappent, en un mot, vers les connaissances absolues, se représente les phénomènes comme produits par l'action directe et continue d'agents surnaturels.

Dans l'état métaphysique, qui n'est au fond qu'une simple modification générale du premier, les agents surnaturels sont remplacés par des forces abstraites, véritables entités, abstractions personnifiées inhérant aux divers êtres du monde et conçues comme capables d'engendrer, par elles-mêmes, tous les phénomènes observés.

Enfin, dans l'état positif, l'esprit humain, reconnaissant l'impossibilité d'obtenir des notions absolues, renonce à chercher l'origine et la destination de l'univers et à connaître les causes intimes des phénomènes pour s'attacher uniquement à découvrir, par l'usage bien combiné du raisonnement et de l'observation, leurs lois effectives, c'est-à-dire leurs relations invariables de succession et de similitude.

Le système théologique est parvenu à la plus haute perfection dont il soit susceptible quand il a substitué l'action providentielle d'un être unique au jeu varié des nombreuses divinités indépendantes qui avaient été imaginées primitivement. Le dernier terme du système métaphysique consiste à concevoir, au lieu des différentes entités particulières, une seule grande entité générale, la *nature,* envisagée comme la source unique de tous les phénomènes. La perfection du système positif vers laquelle il tend sans cesse, quoiqu'il soit très probable qu'il ne doive jamais l'atteindre, serait de pouvoir se représenter tous les divers phénomènes observables comme des cas particuliers d'un seul fait général, tel que celui de la gravitation, par exemple.

Le caractère fondamental de la philosophie positive est donc de regarder tous les phénomènes comme assujettis à des *lois naturelles invariables* dont la découverte précise et la réduction au moindre nombre possible sont le but de tous nos efforts, en considérant comme absolument inaccessible et vide de sens, pour nous, la recherche de ce qu'on appelle les causes, soit premières, soit finales.

Telles sont, messieurs, les deux voies qui vous sont ouvertes ; vous vous déciderez pour l'une ou pour l'autre; quant à moi, mon choix est fait depuis longtemps, et si la science et la philosophie, reniées aujourd'hui par leurs plus éloquents interprètes d'autrefois, sont destinées à subir encore des persécutions et des outrages, j'espère qu'elles trouveront en vous des défenseurs plus inébranlables que Galilée, dont la rétractation n'a pas été rachetée par ce cri arraché à la peur par la conviction : *E pur si muove !*

J'ai pensé, messieurs, que cette digression ne serait pas trop déplacée dans cette chaire de haut enseignement et j'espère que vous voudrez bien me la pardonner.

HUITIÈME LEÇON.

DES INFLUENCES EXERCÉES PAR L'ÉLECTRICITÉ SUR L'ORGANISME.

M. Lévy admet, avec la plupart des auteurs, que, sous l'influence d'un excès d'électricité atmosphérique vitrée, la circulation capillaire, les sécrétions, la plupart des fonctions sont activées ; tandis que, si l'électricité atmosphérique résineuse prédomine, l'excitation physiologique est remplacée par l'inertie musculaire, le ralentissement de la circulation, la diminution des sécrétions, etc. Cette assertion a été combattue par Read, qui affirme que 156 fois sur 397 l'électricité positive de l'atmosphère a été remplacée par l'électricité résineuse, sans qu'il ait pu rattacher à cette modification le moindre effet sur l'organisme.

Dans les journées d'été, dit M. Sigaud, si l'atmosphère est lourde, on ressent, par l'excès de dégagement de l'électricité, un état de prostration tel qu'on ne peut se livrer au travail qu'avec difficulté ; les mouvements, les idées sont frappés d'une espèce de paralysie. Suivant le même auteur, l'action électrique de l'atmosphère entretient l'irritabilité nerveuse et produit certaines maladies, telles que l'hystérie, l'hypochondrie, le tétanos. On dit qu'il n'est pas rare de voir des accès de fièvre intermittente se manifester chez des matelots assaillis par un orage au sein des mers équatoriales. Tous les auteurs assurent que, pendant les temps orageux, les sujets faibles, nerveux, impressionnables éprouvent du malaise, de la céphalalgie, de l'agitation ou de l'abattement, des frémissements musculaires, des douleurs dans les articulations, dans les plaies, des accidents nerveux de toutes sortes ; on ajoute que, pendant l'orage, on observe le retour ou l'exacerbation des douleurs rhumatismales et névralgiques, des accès d'asthme, l'aggravation de l'état fébrile et de la plupart des phénomènes morbides, et les auteurs n'hésitent pas à attribuer ces effets aux modifications subies par l'électricité atmosphérique ; mais, ainsi que le fait remarquer avec raison M. Andral, dans aucune de ces circonstances on n'a tenu compte des changements survenus dans la température, l'état hygrométrique, la pression atmosphérique, et dès lors il devient impossible d'assigner, dans les effets produits par un modificateur très complexe, la part appartenant à l'électricité atmosphérique considérée isolément.

Vous savez, d'ailleurs, que l'intensité de la tension électrique est en raison inverse de la température, et vous savez aussi que, pendant les orages, l'électroscope, loin d'accuser une tension électrique très forte, ne fournit que des indications variables et souvent très différentes dans des conditions météorologiques identiques en apparence. Il en résulte que, si quelques phénomènes se produisent effectivement, ils doivent être attribués, non à une tension plus forte, mais à une perturbation considérable de l'électricité atmosphérique.

Les partisans du fluide électro-vital ont cherché à établir de nombreuses relations entre lui et l'électricité atmosphérique, mais leurs hypothèses n'ont été justifiées par aucun fait ayant une valeur scientifique réelle.

Suivant M. Audrand, l'électricité atmosphérique a présenté de grandes variations dans son intensité pendant la dernière épidémie de choléra; mais que peut-on conclure de cette assertion ?

Il est néanmoins des circonstances dans lesquelles l'électricité atmosphérique a des effets d'une intensité extrême, et vous devinez que je veux parler du foudroiement, qu'il importe d'étudier avec soin.

Les dangers que fait courir la foudre sont-ils assez grands pour mériter qu'on s'en occupe ? Telle est la première question que s'est posée M. Arago.

Or, il résulte des recherches faites par cet illustre savant que les dangers liés à la foudre sont beaucoup plus grands dans les villages, dans les campagnes que dans l'enceinte des villes ; mais que, d'ailleurs, il existe à cet égard des différences annuelles très considérables.

A Gœttingue, 5 hommes ont été foudroyés dans l'espace d'un demi-siècle, et à Halle la foudre n'en aurait atteint qu'un seul en plus de deux cents ans : de 1609 à 1825. A Paris, pas un seul cas de foudroiement mortel n'a été notifié à la préfecture depuis un grand nombre d'années. Au contraire, la foudre a tué et blessé un grand nombre d'individus à Feltre en 1759, à Mantoue en 1784, à Châteauneuf en 1819.

En 1797, aux Etats-Unis, 34 cas d'accidents graves et 17 morts eurent lieu par la foudre depuis le mois de juin jusqu'au 28 août.

En France, les années sont fort loin de se ressembler. En 1808, la foudre n'y tua qu'un seul homme; en 1806, deux; tandis qu'en 1819 le nombre des victimes s'est élevé à 20.

Il faut ajouter que, si dans l'enceinte des villes peu de personnes périssent par la foudre, le nombre des maisons et des édifices endommagés est au contraire très considérable, et qu'il est encore dépassé de beaucoup par celui des navires foudroyés à la mer, cas dans lesquels on compte ordinairement beaucoup de victimes parmi l'équipage. Les avaries causées par la foudre aux vaisseaux sont souvent fort grandes, et l'on a vu des bâtiments sauter ou disparaître complétement sous les flots. En 1789, la foudre tua 2 hommes et en blessa 22 à bord du Cambrian, à Plymouth ; en 1808, à Mahon, le Sultan perdit 7 hommes et en eut 3 de gravement brûlés; enfin, en 1809, 9 matelots périrent à bord du Répulse.

Les églises, en raison de l'élévation de leurs clochers, sont très fréquemment frappées par la foudre; dans la seule nuit du 14 au 15 avril 1718, le tonnerre tomba en Bretagne sur 24 églises.

M. Arago a recherché si les coups foudroyants sont plus fréquents et plus dangereux dans une saison que dans l'autre, ainsi que l'affirme cet aphorisme répandu dans les campagnes : *Le tonnerre n'est jamais plus dangereux que dans les saisons froides.*

Or, en enregistrant les coups foudroyants observés à la mer pendant un grand nombre d'années entre les côtes d'Angleterre et la Méditerranée, M. Arago en a compté vingt pour les six mois froids (octobre, novembre, décembre, janvier, février et mars), et dix seulement pour les six mois chauds.

Si l'on se rappelle en outre, dit M. Arago, combien peu comparativement il se forme d'orages pendant l'hiver, il semble difficile de ne pas reconnaître qu'en mer, du moins, les tonnerres des mois chauds sont beaucoup moins dangereux que ceux des saisons froides.

Les effets produits par la foudre sont extrêmement variables, et doivent être rangés parmi les phénomènes les plus singuliers et les plus inexplicables que l'on puisse observer.

Parfois la foudre déchire et brûle les vêtements d'un individu, renverse, brise le lit dans lequel il est couché sans lui faire aucun mal; quelquefois elle atteint le sujet lui-même et le renverse sans donner lieu à aucune lésion. Un homme ivre se réfugie sous un arbre, la foudre tombe, l'atteint, le renverse, et on le relève sans aucune blessure. Dans d'autres cas, le sujet est brûlé, blessé sans que la foudre laisse la moindre trace sur ses vêtements.

D'autres fois, un homme est frappé de paralysie, d'amaurose ou même de mort, bien que la foudre ne l'ait pas atteint directement, et qu'elle soit tombée à une distance plus ou moins considérable de lui, et souvent fort loin.

Les accidents produits par le foudroiement n'offrent pas moins de diversité. Tantôt on n'observe qu'une perte de connaissance plus ou moins complète, plus ou moins prolongée, ou des douleurs plus ou moins vives; tantôt il existe des brûlures étendues, superficielles ou profondes, des plaies ordinairement très petites et semblables à celles que pourrait produire du plomb de chasse de fort calibre. M. Gerdy en a rencontré de pareilles sur le cuir chevelu d'un homme foudroyé et tué.

La paralysie du mouvement et du sentiment, momentanée ou définitive, la cécité, la surdité sont souvent produites par la foudre; quelquefois toutes les fonctions sont suspendues, et il en résulte un état de mort apparente dont la durée est variable et qui paraît devoir être rapporté tantôt à une véritable asphyxie, tantôt à une commotion cérébrale.

M. Buchwalder nous a transmis une description fort émouvante des effets de la foudre. Ayant établi un signal géodésique sur le sommet du Sentis, dans le canton d'Appenzel, à 2,504 mètres au-dessus du niveau de la mer, il y fut assailli, le 4 juillet 1832, par un violent orage qui l'obligea à se retirer dans sa tente avec son compagnon. « Nous nous couchâmes tous deux côte à côte sur une planche, dit-il; alors un nuage épais et noir comme la nuit enveloppa le Sentis; la pluie et la grêle tombaient par torrents; le vent soufflait avec fureur; les éclairs, confondus et rapprochés, semblaient un incendie; le tonnerre, se heurtant contre les flancs des montagnes, et répété indéfiniment dans l'espace, était tout à la fois un déchirement aigu, un retentissement lointain, un sourd et long mugissement. Tout à coup un globe de feu apparut aux pieds de mon compagnon, et je me sentis frappé à la jambe gauche d'une violente commotion. Il avait poussé un cri plaintif. Je me retournai vers lui et je vis sur son visage l'effet du coup de foudre. Le côté gauche de son visage était sillonné de taches brunes ou rougeâtres; ses cheveux, ses cils, ses sourcils étaient crispés et brûlés; ses lèvres, ses narines étaient d'un brun violet; sa poitrine semblait se soulever encore par instants, mais bientôt le bruit de la respiration cessa. Son œil droit était ouvert et brillant, mais l'œil gauche demeurait fermé, et en soulevant la paupière je vis qu'il était terne. Je portai la main sur le cœur; il ne battait plus; je piquai ses membres, le corps, les lèvres avec un compas: tout était immobile, c'était la mort. La douleur physique m'arracha enfin à cette fatale contemplation; ma jambe gauche était paralysée, et j'y sentais un frémissement, un mouvement extraordinaire; j'éprouvais en outre un tremblement général, de l'oppression, des battements de cœur désordonnés. Allais-je périr comme mon malheureux compagnon? Je le croyais à mes souffrances, et pourtant la raison me disait que le danger était passé. »

L'examen cadavérique des individus foudroyés ne présente, en général, qu'une congestion sanguine du cœur, du poumon et du cerveau; souvent il n'existe aucune espèce de lésion appréciable.

Les effets de la foudre varient suivant la nature du corps frappé. Le fluide électrique choisit de préférence les métaux, les substances humides, et en général les corps bons conducteurs; souvent alors il les parcourt sans les altérer, ou tout au moins en n'endommageant que leur surface. C'est ainsi qu'on peut expliquer le fait rapporté par M. Arago, qui nous montre la foudre, tombant dans une salle contenant vingt détenus, aller choisir au milieu d'eux un chef de brigands qu'une chaîne de fer retenait par le milieu du corps. Lorsqu'au contraire la foudre rencontre des corps mauvais conducteurs, elle les perce, les brise et les projette à une grande distance avec une force énorme. Le 6 août 1809, la foudre a renversé, près de Manchester, un mur de près de 9 décimètres d'épaisseur, sur 3 m. 6 d. de hauteur. La partie déplacée était éloignée de sa position primitive de 1 m. 2 d. d'un côté, et de 1 m. 8 d. de l'autre. Son poids s'élevait à 19,240 kilogrammes.

Quand la foudre tombe sur des corps combustibles, elle les enflamme, les carbonise à la surface ou les réduit en éclats. Peut-être dans ce dernier cas, dit Kaemtz, l'explosion est-elle si forte qu'elle éteint le feu à l'instant même, de la même manière qu'une forte étincelle électrique disperse la poudre à canon, tandis qu'une étincelle plus faible l'enflamme aussitôt. On a vu des hommes être complétement carbonisés, réduits en cendres par la foudre.

L'homme peut être frappé par un éclair ascendant. Deux hommes ayant été frappés par la foudre, leurs cheveux furent lancés au sommet de l'arbre sous lequel ils s'étaient réfugiés. Un cercle de fer qui attachait le sabot de l'un d'eux fut aussi trouvé accroché à une branche très élevée.

Le 29 août 1808, la foudre ayant frappé un ouvrier assis sous un pavillon dépendant d'un cabaret situé derrière la Salpêtrière, on trouva les morceaux de son chapeau incrustés au plafond. Kaemtz a également cité plusieurs exemples de chocs en retour.

Quels sont les moyens de se garantir de la foudre? Je ne vous parlerai pas, messieurs, des flèches que les Thraces lançaient contre le ciel; car, ainsi que le fait remarquer M. Arago, ces flèches n'étaient qu'une menace, et elles n'étaient nullement destinées à enlever aux nuages quelques parcelles de matière fulminante, en tant que corps métalliques et pointus.

Je ne vous parlerai pas davantage des sacrifices que mentionne Pline, des sonneries de cloche faites au point de vue religieux, des différentes pratiques inspirées par la superstition, le préjugé, la croyance à l'intervention de Dieu, et il ne sera question ici que des moyens qui appartiennent au domaine des phénomènes physiques?

Est-il possible de dissiper, d'éloigner les orages?

Les navigateurs paraissent assez généralement persuadés que le bruit de l'artillerie dissipe les nuées orageuses, et cette opinion, partagée par beaucoup d'hommes de guerre, est devenue populaire. En 1769, on fit un fréquent usage de décharges multipliées de boîtes et de canon en Bavière et dans le Mâconnais. Il en fut de même en 1806, et de nombreux témoignages s'élevèrent en faveur de l'efficacité de ce moyen. D'un autre côté, M. Arago nous montre des orages violents éclatant pendant des batailles ou des combats de mer, au milieu des détonations de l'artillerie, et il nous apprend qu'ayant étudié avec soin, depuis 1816 jusqu'en 1835, les effets produits sur l'atmosphère par le polygone de Vincennes, où l'on tire environ cent cinquante coups de canon par jour, il est arrivé à cette conclusion, que, relativement aux nuages ordinaires, la détonation des plus forts canons est sans influence, si même elle n'a pour effet de les condenser et de les retenir au lieu de les dissiper et de les chasser.

La sonnerie des cloches, en tant que bruit, que cause d'un déplacement plus ou moins considérable d'air, est-elle plus efficace? Les vingt-quatre églises bretonnes foudroyées dans une nuit étaient précisément, selon Fontenelle, celles où l'on sonnait pour écarter la foudre. Les églises voisines, où l'on ne sonnait pas, ajoutait Deslandes, furent épargnées.

Needham, au moyen d'un appareil assez ingénieux, s'efforça de prouver, en 1781, que la sonnerie n'exerçait aucune espèce d'action ; mais ses expériences ne sont pas concluantes.

M. Arago résume la question en disant que, dans l'état actuel de la science, il n'est pas prouvé que le son des cloches rende les coups de foudre plus imminents et plus dangereux; qu'il est encore moins prouvé qu'il diminue le danger, mais qu'il est certain que cette pratique doit être interdite dans l'intérêt des sonneurs. La foudre frappe, en effet, de préférence les objets les plus élevés, et par conséquent les clochers des églises. Or, la corde de la cloche est ordinairement humide, et faisant l'office de conducteur elle dirige la foudre jusqu'à la main du sonneur, et donne ainsi lieu à des accidents graves. En Allemagne, dans l'espace de trente-trois ans, la foudre est tombée sur trois cent quatre-vingt-six clochers, y a tué cent vingt-un sonneurs et en a blessé un nombre bien plus considérable encore. Le 11 juin 1775, la foudre tua trois sonneurs dans le clocher d'Aubigny. Le 31 mars 1768, elle en tua deux et en blessa grièvement neuf dans le clocher de Chabeuil, en Dauphiné.

Suivant quelques physiciens, parmi lesquels se place l'illustre Volta, de grands feux allumés en plein air enlèvent aux nuées la majeure partie de leur matière fulminante.

M. Matteucci nous apprend qu'il existe dans la Romagne une paroisse de cinq à six milles de circonférence, dans toute l'étendue de laquelle les paysans placent de cinquante pieds en cinquante pieds des tas de paille et de bois léger ; quand un orage s'approche, tous ces monceaux de paille sont allumés, et depuis trois ans cette commune n'a pas eu à souffrir des orages et de la grêle, ainsi que cela avait lieu auparavant chaque année, tandis que la foudre a ravagé les paroisses voisines, où cette pratique n'est pas mise en usage. En Angleterre, les comtés que la présence d'une quantité énorme de hauts fourneaux et d'usines transforme, nuit et jour, e océan de feu sont beaucoup moins visités par les orages que les comtés agricoles. Mais comme les hauts fourneaux ne sont établis que là où existent des mines métalliques considérables, on peut se demander, avec M. Arago, si ce n'est pas à la présence de celles-ci qu'il faut attribuer la rareté des orages. L'expérience se continue dans la Romagne, et il est fâcheux qu'elle n'ait pas été instituée sur une plus vaste échelle; car la question mérite certainement de fixer l'attention des physiciens et des gouvernements.

Il résulte de ce que nous venons de dire qu'à l'exception des paratonnerres, qu'il me suffit de vous indiquer ici, on ne possède aucun moyen certain de préserver une contrée ou un édifice, non pas de la foudre, mais de ses effets désastreux.

Examinons maintenant quelles sont les circonstances qui augmentent pour l'homme les dangers du foudroiement, et quelles sont les précautions qui sont capables de les diminuer.

On prétend généralement qu'il est dangereux pendant un orage de courir à pied ou à cheval, de marcher contre la direction du vent, d'ouvrir les fenêtres, en un mot de s'exposer à un courant d'air, celui-ci attirant la foudre. A l'appui de cette opinion l'on a invoqué l'usage établi dans toutes les contrées du globle, de fermer les fenêtres dès qu'un orage se manifeste. M. Arago fait observer avec raison que cette preuve n'est pas concluante, et que, les orages étant ordinairement accompagnés de vent, de pluie, de grêle, il est assez naturel de fermer les fenêtres. Mais d'ailleurs, ajoute l'illustre astronome, cet usage est souvent appuyé sur des idées superstitieuses, et tandis qu'en Esthonie la peur de laisser entrer l'esprit malin, que Dieu poursuit quand le tonnerre gronde, pousse les habitants à calfeutrer les plus petites ouvertures, on voit les juifs ouvrir les portes et les fenêtres dès que l'éclair sillonne la nue, afin de donner entrée au Messie, dont la venue doit être annoncée par un orage.

Si l'on consulte la science sur ce point, on voit que l'atmosphère oppose une certaine résistance au passage de la matière fulgurante et l'on peut en conclure que tout ce qui diminue la densité de l'air dans un point donné tend à y appeler la foudre.

La foudre frappant de préférence les objets les plus élevés, il est évident qu'il faut bien se garder d'aller chercher un abri sous un arbre ou dans un édifice quelconque dont la hauteur serait considérable.

Un grand nombre de précautions ont été indiquées comme propres à éloigner le danger de la foudre.

Les anciens croyaient que la foudre ne pénétrait jamais dans la terre au delà de cinq pieds, et ils considéraient par conséquent les cavernes, les souterrains, comme des asiles parfaitement sûrs. Les tubes vitreux, produits de la foudre, qui descendent parfois dans le sol jusqu'à la profondeur de dix mètres montrent combien cette opinion est erronée. Personne ne sait, dit M. Arago, à quelle profondeur on serait parfaitement à l'abri des foudres descendantes et à plus forte raison des foudres ascendantes.

On pensait dans l'antiquité que les personnes couchées dans leur lit étaient à l'abri de la foudre; des cas nombreux de foudroiement ne permettent plus d'accepter cette assertion.

Les Romains considéraient les peaux de veau marin comme un préservatif, et ils en portaient sur eux ou en fabriquaient des tentes sous lesquelles ils allaient chercher un abri. Les bergers des Cévennes entourent leurs chapeaux de peaux de serpent et croient se mettre ainsi hors des atteintes de la foudre. Sans partager cette opinion, on doit admettre cependant que la nature des vêtements peut exercer quelque influence. La foudre tombe dans une église: deux prêtres sont gravement frappés, un troisième qui était revêtu d'ornements en soie est préservé. Le taffetas ciré, la soie, la laine, sont moins perméables à la matière de la foudre que les toiles de lin, de chanvre, ou de toute autre matière végétale. Des faits assez nombreux prouvent qu'un animal peut être plus ou moins gravement atteint dans les différentes parties de son corps suivant la couleur des poils qui les recouvrent, et le blanc paraît être la couleur la moins favorisée.

On a prétendu que certains arbres, tels que le hêtre, le laurier, le bouleau, l'érable, étaient toujours respectés par la foudre, tandis que l'orme, le châtaignier, le chêne, le pin étaient souvent frappés par elle. Les faits ne justifient point cette assertion.

On a regardé le verre comme un préservatif infaillible et l'on a construit des cages de cette matière pour l'usage des personnes qui redoutent beaucoup les orages. M. Arago nous montre que la foudre frappe souvent des carreaux de vitres.

Mille exemples prouvent, dit encore le célèbre physicien, dont le travail nous a été si utile, que la foudre ne tombe jamais sur un homme ou sur une femme sans attaquer plus particulièrement les parties métalliques de leurs ajustements. Il est donc prudent pendant un orage de se dépouiller de ses bijoux, tels que bagues, bracelets, chaînes, galons de métal, etc.

En se fondant sur l'analyse d'un certain nombre de faits fort curieux, M. Arago croit pouvoir établir que lorsque la foudre tombe sur des hommes ou des animaux placés les uns à la suite des autres, soit en ligne droite, soit le long d'une courbe non fermée, c'est aux extrémités de la file que ses effets sont généralement les plus intenses et les plus fâcheux. Ainsi la foudre tombe à Rambouillet sur une écurie où se trouvait une file de trente-deux chevaux; le premier et le dernier sont tués, les trente autres ne sont que renversés. Le 22 août 1808, la foudre tomba sur une maison de Knonau, en Suisse; cinq enfants lisaient sur un banc dans une des pièces du rez-de-chaussée; le premier et le dernier tombèrent roides morts, les trois autres en furent quittes pour une violente commotion.

On comprendra, j'espère, ajoute M. Arago, que je traite ici une simple question de science, et qu'en indiquant la place où l'on est le moins exposé, je n'entends conseiller à personne d'aller s'y réfugier, puisque, en atténuant par là ses propres risques, l'on augmenterait inévitablement ceux d'autrui.

Ce scrupule est sans doute fort honorable, messieurs; mais cependant si le hasard vous avait octroyé l'une des places privilégiées, peut-être seriez-vous, tout au moins, en droit de la conserver.

Plus la matière conductrice agglomérée dans un point a de masse et de volume, plus les chances d'être foudroyé dans son voisinage deviennent grandes; on peut donc admettre, avec Nollet, que le danger d'être foudroyé dans un lieu donné augmente en raison directe du nombre des personnes qui s'y trouvent réunies. Une seconde cause, suivant M. Arago, peut contribuer à rendre dangereuses les grandes réunions d'hommes ou d'animaux. Leur transpiration, dit-il, donne lieu à une colonne ascendante de vapeur; or tout le monde sait que l'air humide transmet la foudre beaucoup mieux que l'air sec; la colonne de vapeur doit donc de préférence conduire la foudre au lieu même d'où elle émane.

Les granges remplies de grains, de fourrages sont souvent frappées par la foudre, probablement en raison du courant ascendant d'air humide qui s'en élève.

Enfin, messieurs, Franklin a donné, à l'usage des personnes qui craignent la foudre, des préceptes que je vais vous transmettre, car il vous arrivera certainement d'être fréquemment interrogés sur ce point.

Il faut éviter le voisinage des cheminées, car la suie qui les tapisse partage avec les métaux la propriété d'attirer la foudre.

Il faut, pour la même raison, s'éloigner des métaux, des glaces, des dorures, des cloches et de leurs cordes; se dépouiller des objets métalliques que l'on a sur soi.

Il faut éviter de se placer au-dessous d'un lustre, d'une lampe, d'un ornement en métal, d'un arbre, d'un objet élevé quelconque.

Il est bon d'interposer entre soi et le sol un corps non conducteur, tel que du verre, par exemple.

Moins on touche les murs et le sol, moins on est exposé; le plus sûr moyen préservatif serait donc d'avoir un hamac suspendu à des cordons de soie au centre d'une vaste chambre.

Après avoir étudié les effets produits par l'électricité atmosphérique, voyons quels sont ceux qui ont été attribués à l'électricité animale.

Je vous ai fait connaître, messieurs, les doctrines physiologiques des partisans du fluide électro-vital ou du fluide magnétique animal; je dois maintenant vous exposer le rôle qu'on fait jouer à ces fluides dans le développement des maladies. Quelques citations vous mettront à même de vous prononcer sur la valeur des doctrines pathogéniques qui découlent de la biologie métaphysique.

Le cerveau, le cervelet, la moelle épinière, le grand sympathique étant de véritables piles électro-vitales, les cordons nerveux et le névrilème étant les fils conducteurs de ces piles, et la matière grasse, oléo-séreuse ou séreuse étant le corps destiné à isoler ces fils, vous comprenez que, s'il survient une modification quelconque dans l'un ou l'autre de ces éléments, dans la production, la distribution du fluide électro-vital, il doit en résulter des accidents, des troubles fonctionnels, des états morbides.

Chez les personnes maigres, la couche isolante étant moins épaisse ou incomplète, le névrilème reçoit des organes environnants ou cède à ces organes des quantités d'électricité qui modifient le courant normal et font éprouver des impressions vagues; ces impressions se traduisent par un malaise indéterminé que l'on désigne sous le nom d'*état nerveux*.

Si le névrilème d'un cordon centripète subit des modifications organiques, s'il se ramollit, par exemple, il peut devenir mauvais conducteur de l'électricité ; il s'électrise ou laisse le courant se répandre dans les tissus voisins de manière à donner lieu à des douleurs, à des impressions anormales partant de cette région, et il se développe *une névralgie.*

Si, sous l'action du froid et de l'humidité, la substance grise des filets nerveux du grand sympathique devient moins isolante, sa puissance réflective est diminuée ; le fluide exerce sur les filets nerveux cérébro-rachidiens qui concourent à former les cordons du grand sympathique des impressions anormales qui sont transmises au cerveau, et qui donnent lieu à des douleurs vagues, diffuses, erratiques : voilà le *rhumatisme.*

Les douleurs qui accompagnent l'inflammation des muscles, des tissus fibreux, des séreuses, s'expliquent de la manière suivante : chaque séreuse est le centre de mouvements plus ou moins fréquents qui, par les frottements qu'ils exercent ou qu'ils subissent, développent du fluide électrique dans des proportions telles que l'action isolante de la substance grise est surmontée ; l'électricité, dégagée en excès, irrite les cordons nerveux ou surcharge la substance médullaire et donne lieu à une douleur aiguë.

Si dans les organes centraux la substance grise a perdu sa faculté isolante ou est devenue trop active, elle donne lieu à une aberration dans la sensation, dans le jugement et les facultés, ou bien elle concentre les impressions et les rapporte toutes à un organe particulier : de là les différentes formes de la *manie.*

Certains tissus accidentels deviennent le siége de phénomènes particuliers; ils s'électrisent sous l'influence de leur propre circulation et sont mauvais conducteurs; cette circonstance leur permet de se charger comme une véritable bouteille de Leyde, et il en est ainsi du tissu encéphaloïde; mais, chaque fois que le fluide s'est accumulé dans ce tissu, une décharge s'opère sur les cordons nerveux centripètes les plus voisins, et un *élancement* plus ou moins vif se fait sentir.

M. Baraduc explique par des procédés analogues les convulsions, la paralysie, la chlorose, la syncope, l'obésité, la fièvre angéioténique, le choléra, l'inflammation, etc., etc.

Vous retrouvez ici cette même méthode de philosopher dont nous vous avons signalé les inconvénients; les inductions substituées à l'observation, les hypothèses aux faits. Certes, il est un grand nombre de maladies qui résultent d'un trouble fonctionnel de l'innervation et auxquelles ne correspondent aucunes lésions matérielles appréciables; certes les effets et les résultats obtenus dans ces circonstances par l'application thérapeutique du fluide électrique autorisent à penser que l'électricité atmosphérique, que l'électricité animale elle-même jouent un certain rôle dans le développement de ces états morbides; mais là s'arrêtent nos connaissances, et, jusqu'à ce que des expériences concluantes et bien établies soient venues nous fournir de nouvelles lumières, nous substituerons aux assertions de M. Baraduc l'humble aveu de notre complète ignorance. « Que l'électricité, dit M. Gavarret, joue un rôle soit dans la production, soit dans la manifestation des maladies, c'est là une chose qui nous paraît probable; mais à quel titre? C'est là ce que nous ne connaissons pas encore. »

Les influences curatives de l'électricité méritent, messieurs, de nous arrêter un instant, et je pense que vous écouterez avec d'autant plus d'intérêt l'exposé des intéressantes découvertes qui ont été faites dans ces derniers temps que vous y trouverez des données dont l'hygiène pourra être appelée à tirer parti un jour.

Les effets produits par l'électricité sur l'organisme vivant varient suivant qu'ils se rattachent à l'électricité statique ou à l'électricité dynamique.

Electricité statique. — Le corps humain est un bon conducteur de l'électricité, en raison des fluides dont il est imprégné; lorsqu'un homme communiquant avec le sol est mis en présence d'une source d'électricité, il se charge par influence de fluide contraire, et, si alors il s'approche suffisamment de la source électrique, il en tire une étincelle et ressent une *commotion électrique.*

La commotion, lorsqu'elle est modérée, produit une contraction musculaire, un choc douloureux dans les articulations et parfois de l'engourdissement; une commotion très énergique déterminée par une machine électrique, ou plutôt par une batterie, produit des accidents graves et devient un *foudroiement* en tout comparable à celui que nous avons étudié à propos de l'électricité atmosphérique.

Les inconvénients attachés à la commotion mettent un obstacle à l'emploi thérapeutique de l'électricité statique, qui n'est guère employée, mais que l'on peut administrer de plusieurs manières.

L'électrisation par contact ou le bain électrique consiste à isoler le sujet et à le mettre en communication avec le conducteur de l'appareil; toute la surface du corps se trouve alors électrisée, soit positivement, soit négativement, à la volonté du médecin, et l'air qui entoure le corps se charge par induction de fluide contraire.

Dans le bain électro-positif le fluide est probablement accumulé à la surface du derme, car la circulation, la respiration, les sécrétions, les fonctions intellectuelles n'éprouvent aucune modification appréciable, et il s'échappe par tous les points épidermiques, tels que les cheveux, les poils et les ongles.

Dans le bain électro-négatif on met le sujet en communication avec le coussinet de la machine à l'aide d'un conducteur, et on décharge l'électricité vitrée à mesure qu'elle s'accumule. Giacomini attribue à ce bain une action hyposthénisante très remarquable; mais M. Duchenne (de Boulogne) assure que ce n'est certainement pas sur l'expérimentation que repose cette théorie; car, si dans l'état de santé, dit-il, on se soumet à l'influence d'un bain électrique positif ou négatif, on n'éprouve aucun des symptômes qui annoncent un effet excitant ou hyposthénisant appréciable.

Cette affirmation corrobore, comme vous le voyez, ce que nous avons dit à propos des effets attribués à l'électricité positive et négative de l'atmosphère.

L'électrisation par étincelles pratiquée soit avec la machine, soit avec la bouteille de Leyde, produit à la surface de l'épiderme, et avec une tension plus ou moins forte, la recomposition du fluide de l'appareil avec celui du corps, par l'intermédiaire d'un excitateur en pointe, en boule, en brosse ou à surface plane.

Lorsque la tension est faible, l'excitation électrique est limitée à la peau, qu'elle finit par faire rougir et par rendre plus sensible;

elle est à peine assez puissante pour faire contracter les muscles superficiels, surtout si le tissu cellulaire est un peu abondant, et les contractions ne sont que fibrillaires et incomplètes.

Lorsque la tension est énergique, ainsi qu'on l'obtient par la bouteille de Leyde, les muscles se contractent énergiquement ; mais alors la commotion est très violente et retentit sur les centres nerveux ; elle est accompagnée d'un engourdissement considérable, et l'on voit survenir à un degré élevé tous les phénomènes du foudroiement.

Electricité dynamique. — Le courant électrique peut être emprunté soit à une pile voltaïque, soit à un appareil électro-dynamique ou magnétique.

Il résulte des récentes et remarquables recherches de M. Duchenne (de Boulogne) que l'électricité dynamique peut être dirigée et limitée dans presque tous les organes ; on peut la circonscrire dans la peau ; on peut, sans incision ni piqûre, traverser celle-ci et limiter l'action électrique dans un muscle, dans un nerf et même dans un os.

La sensation cutanée est proportionnelle à l'intensité du courant ; on peut la faire varier depuis le simple chatouillement jusqu'à la douleur la plus aiguë, en passant par tous les degrés intermédiaires.

Le courant limité dans un muscle ou dans un nerf peut provoquer les contractions les plus énergiques sans donner lieu à la commotion qui accompagne l'application de l'électricité statique, à moins que la force des courants ne dépasse certaines limites.

L'électricité dynamique peut être empruntée, comme nous l'avons dit, à deux sources différentes qu'il est nécessaire d'étudier séparément, car elles ont l'une et l'autre des propriétés spéciales très différentes.

Electricité de contact, galvanisme. — A quantité et à tension égales, tous les appareils qui dégagent l'électricité de contact jouissent des mêmes propriétés physiologiques, quelle que soit la nature de leurs éléments.

Les effets généraux de l'électricité dynamique, dit M. Gavarret, présentent la plus grande ressemblance avec ceux de la bouteille de Leyde ; une commotion est ressentie au moment où, avec les mains humides, on établit la communication entre les deux pôles d'une pile, et lorsque le courant est puissant, les sensations éprouvées peuvent être aussi vives et même aussi redoutables que celles produites par la décharge d'une batterie électrique. Des animaux ont été ainsi foudroyés.

Il faut dire néanmoins que la commotion ne s'étend pas aussi loin, qu'il ne faut pas moins de 50 paires pour qu'elle pénètre jusque dans la poitrine, et que, quand plusieurs personnes forment la chaîne, elle n'est ordinairement ressentie que par les individus placés tout près des pôles.

Au moyen d'un courant énergique on parvient à produire, chez des animaux récemment morts, des mouvements de contraction dans les muscles des membres, de la face, de la poitrine; on parvient même à réveiller l'action du cœur, et vous connaissez l'expérience du docteur Ure, qui, galvanisant un pendu, détermina de telles contractions dans le diaphragme, les muscles de la poitrine, de la face et des membres qu'il s'imagina un instant l'avoir ressuscité.

Les courants galvaniques agissent d'une manière différente, suivant qu'ils sont *directs* ou *inverses*, *continus* ou *interrompus*, et ces différences d'action ont été étudiées par MM. Person, Lehot et Marianini, Peltier, Becquerel et Matteucci.

Lorsque l'on dirige dans le nerf sciatique, par exemple, un courant direct, c'est-à-dire marchant du tronc vers les extrémités, on voit immédiatement se contracter tous les muscles situés au-dessous du point en contact avec le pôle positif; les contractions cessent lorsque le courant, une fois établi, traverse les parties d'une manière *continue*, et lorsqu'on fait cesser son action, une douleur plus ou moins vive se fait sentir. Une légère variation dans l'intensité du courant, une dérivation exercée, le moindre changement survenu dans les conditions de transmission suffisent pour rendre au courant sa puissance et pour ramener la contraction.

Si, au lieu d'un courant direct, on applique un *courant inverse*, c'est-à-dire dirigé du muscle vers le tronc nerveux, une vive douleur que n'accompagne aucune contraction (à moins que le courant ne soit très intense) se montre au début; tout effet disparaît aussitôt que le courant devient continu, et au moment où il cesse, une contraction plus ou moins énergique se produit.

Ainsi donc, au point de vue des effets produits, le commencement du courant direct correspond à la fin du courant inverse et le commencement du courant inverse à la fin du courant direct ; dans les deux cas, toute action disparaît pendant que le courant agit d'une manière continue.

Cette distinction des courants en *continus* et en *interrompus* est fort importante.

M. Duchenne établit qu'un courant continu limité dans la peau y produit un travail organique qui peut aller du simple érythème jusqu'à l'escharification, mais que, dirigé dans le tissu d'un muscle, quelle que soit son intensité, il n'y produit que des contractions fibrillaires faibles et irrégulières, tandis qu'il donne lieu à des phénomènes de calorification profonde.

Les expériences faites sur les animaux tendent à prouver que les courants continus sont des hyposthénisants de la force nerveuse ; car, lorsqu'ils se prolongent pendant un certain temps, ils diminuent l'irritabilité et finissent par amener la paralysie. M. Duchenne a appliqué sur l'homme, pendant 20 à 30 minutes, des courants continus produits soit par une batterie de Cruickshank, composée de 60 couples, soit par une batterie de 30 piles, de Bunsen, et il n'a observé ni diminution de l'excitabilité du nerf galvanisé, ni trouble des mouvements volontaires.

Les courants interrompus excitent plus vivement la sensibilité de la peau, mais ils produisent moins rapidement l'érythème, la vésication et l'escharification; ils provoquent aussi des contractions plus violentes.

Etudions maintenant les effets des courants galvaniques sur les différents appareils.

Système nerveux. — Nous avons déjà indiqué les effets de douleur et de contraction musculaire qui appartiennent aux courants galvaniques directs et inverses, continus et interrompus, et nous n'avons pas à y revenir ; ajoutons seulement :

Que la division incomplète du nerf n'interrompt pas le courant, quelque petite que soit la communication; mais que la section complète fait cesser tous les phénomènes, à moins, suivant M. de Humboldt, qu'il n'existe qu'une ligne d'intervalle entre les extrémités coupées ;

Qu'une ligature ou une forte contusion situées entre les deux pôles n'empêche pas l'action du courant, mais qu'il n'en est plus de même lorsqu'elles sont situées entre le muscle et le pôle qui en est le plus rapproché;

Qu'un nerf séparé depuis quelques jours seulement de l'axe cérébro-spinal d'un animal vivant perd la propriété de faire contracter les muscles sous l'influence d'un courant galvanique (Longet);

Qu'un nerf soumis pendant un certain temps à l'action d'un courant galvanique finit par devenir insensible; mais que pour lui rendre son excitabilité primitive, il suffit de laisser reposer l'animal ou de le soumettre à un courant dirigé en sens contraire de celui qui a épuisé son excitabilité (Nobili et Matteucci);

Que le moyen le plus énergique d'agir sur l'excitabilité d'un nerf consiste à établir une succession très rapide de courants interrompus.

MM. Müller et Longet ont souvent employé les courants galvaniques pour déterminer si un nerf est sensitif ou moteur. Dans le premier cas, en effet, le courant produit de la douleur sans contraction; dans le second, de la contraction sans douleur.

Des courants établis dans la substance grise périphérique du cerveau et du cervelet ne produisent ni douleurs, ni contractions; mais des mouvements convulsifs se manifestent au contraire dans les membres si l'on galvanise les tubercules quadrijumeaux, le mésocéphale ou le bulbe rachidien.

M. Longet a montré que la galvanisation des faisceaux antérieurs de la moelle produit des contractions musculaires violentes, tandis que cela n'a point lieu pour les faisceaux postérieurs.

Un courant dirigé à travers les nerfs des sensations spéciales produit une sensation en rapport avec les fonctions, et M. Duchenne établit que de toutes les espèces d'électricités, c'est l'électricité galvanique qui agit le plus vivement sur la rétine en produisant trois sensations lumineuses, l'une très forte à la fermeture du courant, l'autre moins forte à l'ouverture, la troisième très faible dans l'intervalle.

Dans quelque point de la face ou du cuir chevelu, dit M. Duchenne, qu'on applique des excitateurs galvaniques humides, on produit toujours une succession de sensations lumineuses très éblouissantes, même avec un courant très faible, pourvu que la région excitée se trouve animée par la cinquième paire. Si les excitateurs sont placés sur la ligne médiane, la flamme est perçue des deux côtés ; dans le cas contraire, elle n'impressionne que la rétine correspondant au côté galvanisé, et la sensation est d'autant plus forte que les excitateurs sont plus rapprochés de la ligne médiane.

La galvanisation du grand sympathique fait entrer le cœur en mouvement, et M. Longet a vu sous son influence les intestins se contracter, lorsqu'ils renferment des matières alimentaires, et rester inertes lorsqu'ils sont vides.

Tissu musculaire. — Tous les muscles se contractent sous l'influence d'un courant galvanique, soit pendant la vie, soit même après la mort, pourvu qu'un temps trop long ne se soit pas écoulé. La contractilité est-elle inhérente à la fibre musculaire elle-même ou n'est-elle qu'un attribut des cordons nerveux? Un muscle dépouillé de tous ses nerfs peut-il se contracter ? MM. de Humboldt, Prévost et Dumas, Edwards se sont prononcés pour la négative; Müller a soutenu une opinion contraire.

Cette question, si importante non-seulement pour la physiologie, mais encore pour le médecin, vient d'être discutée de nouveau. Vous trouverez dans les n^os^ des 6 et 8 mai de l'*Union Médicale* une observation de paralysie *idiopathique* rapidement guérie par la galvanisation, et à propos de laquelle M. Duchenne a cru pouvoir avancer qu'il existe une force spéciale, inhérant à la fibre musculaire, qui rend les muscles aptes à réagir sous l'excitation des centres nerveux, et que cette force est l'*aptitude motrice* ou la *motibilité*. Ainsi, dit-il, après les premiers mois qui succèdent à une hémorrhagie cérébrale, la paralysie étant symptomatique d'une lésion centrale, elle ne peut être modifiée par l'électricité ; mais plus tard la résorption s'opère, la compression disparaît, et il ne reste plus qu'une cicatrice ; le stimulus cérébral se fait sentir aux muscles, et cependant ceux-ci ne réagissent d'aucune manière ; or, dans ce cas, la galvanisation dirigée sur les muscles paralysés rétablit souvent les mouvements volontaires; ne faut-il pas en conclure que la paralysie était idiopathique, dynamique et produite par la perte de la motibilité musculaire ?

On a étudié les effets de l'électricité sur plusieurs autres tissus de l'économie, et l'on a constaté une action de contractilité plus ou moins marquée sur l'iris, les veines-caves près des oreillettes, les artères mésentériques, les conduits excréteurs des glandes, suivant Henle, et les vésicules séminales. Les parties réfractaires seraient le dartos, l'aorte, les artères, les veines, le canal thoracique, les conduits excréteurs des glandes suivant Nysten, la peau et les corps caverneux.

On ne connaît pas les effets d'un courant galvanique sur le sang *en circulation;* cependant plusieurs expérimentateurs en ont obtenu la coagulation, et M. Pravaz a oblitéré ainsi l'artère carotide et la veine jugulaire.

On admet généralement que l'électricité a la propriété d'exalter les fonctions des surfaces exhalantes ; sous son influence, on a noté une hypersécrétion des glandes salivaires, lacrymales, intestinales ; on a dit également que l'absorption devient plus active.

Electricité d'induction. — Les courants d'induction sont fournis soit par une pile, soit par un aimant, c'est-à-dire par des appareils *électro-dynamiques* ou *électro-magnétiques ;* les uns et les autres se composent d'un fil de cuivre rouge recouvert de soie et roulé en spires serrées, de manière à former une bobine au centre de laquelle on place un fer doux ou un aimant. Vous trouverez, dans le numéro du mois de mai des *Archives générales de médecine*, un mémoire de M. Duchenne, dans lequel sont exposés la construction et le mécanisme des divers appareils connus sous les noms d'appareils de Pixii, de Clark, de Dujardin, de Breton.

L'électricité d'induction fournit constamment des courants interrompus, et chaque intermittence se compose de deux courants en sens contraire ; mais le courant qui se produit à la fin est le seul qui exerce une action physiologique sur l'homme.

L'électricité d'induction ne produit jamais sur la peau d'autre action que l'érection des papilles ou un peu d'érythème.

La sensation qui accompagne la contraction musculaire est moins vive par l'électricité d'induction que par le galvanisme.

Enfin, messieurs, un progrès fort important vient d'être accompli par M. Duchenne, de Boulogne, dans l'application de l'électricité; ayant constaté que les effets produits sont essentiellement différents suivant que la peau et les excitateurs sont parfaitement secs ou plus ou moins humides, cet habile expérimentateur a trouvé le moyen, comme nous vous l'avons déjà dit, de limiter l'action électrique soit dans la peau, soit dans un muscle ou même dans un seul faisceau musculaire, et vous verrez en lisant le remarquable rapport fait à ce sujet à l'Académie de médecine par M. Bérard les précieux avantages que l'anatomie et la physiologie ont déjà retirés du mode d'application institué par M. Duchenne.

Un mot, pour terminer, sur les différentes applications thérapeutiques de l'électricité.

L'électricité a été appliquée à un grand nombre de maladies, principalement par les médecins allemands et anglais ; le rhumatisme, la surdité, l'odontalgie, l'ophthalmie, l'amaurose, la chorée et les affections convulsives, le tétanos, l'aménorrhée, la sciatique, la scrofule, la fièvre intermittente, les ulcères, les abcès, les engelures ont été combattus à l'aide de cet agent par de Haen, Wilkinson, Syme, Floyer, Cavallo, Hay, Jallabert, etc., et vous trouverez consignés dans l'ouvrage de Mauduyt les résultats peu probants qui ont été obtenus par ces expérimentateurs.

Divers procédés opératoires ont été mis en usage, et il est nécessaire que je vous les indique brièvement.

Le *bain électro-positif*, employé jadis comme excitant, est complétement abandonné.

Le *bain électro-négatif* est employé par Giacomini comme agent hyposthénisant dans l'érysipèle, les phlogoses chroniques, certaines céphalalgies et névralgies.

L'*électrisation par étincelles* peut être mise en usage pour stimuler légèrement la peau ; mais la commotion qui l'accompagne ne permet pas de lui donner l'intensité que réclament les anesthésies profondes et rebelles, ou bien une révulsion énergique. Elles peuvent servir à produire des contractions dans quelques muscles très superficiels, comme les peauciers, et quelques muscles de la face ; mais la douleur qu'elle provoque doit la faire rejeter de la pratique.

L'*électricité dynamique, de contact, ou galvanisme,* convient pour opérer sur la peau une révulsion énergique, une perturbation instantanée, une action analogue à celle du vésicatoire, du moxa, du cautère actuel.

On a cité plusieurs exemples d'anévrismes guéris en opérant la coagulation du sang au moyen de la galvanisation ; et depuis 1831, l'électro-puncture a été employée plusieurs fois et étudiée avec soin par MM. Pravaz, Phillips, Gérard, Clavel, Pétrequin, Ciniselli, Amussat, Debout, Abeille, Velpeau, Giraldès, Boinet, etc.

M. Matteucci croit qu'un courant continu pourrait être employé avec avantage à titre d'hyposthénisant dans le traitement du tétanos. M. Becquerel pense qu'on pourrait, au moyen de la galvanisation, modifier heureusement les plaies, les ulcères. Le docteur Crunel, de Saint-Pétersbourg, assure avoir appliqué avec succès le galvanisme à la destruction du cancer.

La propriété que possède le galvanisme d'exciter vivement la rétine peut être utilisée dans le traitement de l'amaurose; mais, en raison même de cette propriété spéciale, dit M. Duchenne, l'électricité galvanique doit être appliquée à la face avec circonspection. La flamme qu'elle produit est tellement éblouissante, qu'elle pourrait compromettre la vue si l'opération était trop longue, les intermittences du courant trop rapides et le courant trop intense.

Le courant galvanique intermittent peut être employé dans le traitement des paralysies du mouvement; mais les appareils doivent être très puissants, et alors ils exercent une action calorifique qui peut avoir des inconvénients. De plus, ils sont gênants à cause de leur volume, des acides qu'ils emploient, des gaz qu'ils dégagent, etc. Enfin, l'intensité de leurs courants ne peut pas être facilement et exactement graduée.

La galvanisation a été employée souvent avec succès dans le traitement des névralgies.

L'*électricité d'induction* est l'agent d'électrisation qui doit être préféré lorsque l'on veut agir sur la peau ou sur le système musculaire; l'action électrique peut être facilement, exactement graduée, et, en ayant recours au procédé de M. Duchenne, on peut, comme nous l'avons dit, limiter son action à la peau ou à un seul muscle.

Elle est appelée à rendre de grands services dans le traitement de l'anesthésie, de la paralysie du mouvement, des névralgies, du rhumatisme musculaire, des affections choréiques, de la paralysie hystérique. M. Duchenne pense qu'on pourrait l'employer avec succès pour résoudre certaines tumeurs et qu'on pourrait aussi, dans certains cas, l'appliquer aux organes intérieurs, tels que le foie, les poumons, le cœur, le rectum, l'œsophage, la vessie, l'utérus, le larynx et enfin aux organes des sens. Sans penser que l'on doive retirer de ce moyen tous les avantages entrevus par M. Duchenne, nous croyons qu'on ne saurait trop engager les expérimentateurs à suivre cette voie.

Bibliographie.

KAEMTZ. *Cours complet de météorologie*. Traduct. de Ch. Martins. Paris, 1843.

POUILLET. *Mémoire sur l'électricité des fluides élastiques et sur une des causes de l'électricité atmosphérique*. In *Ann. de ch. et de phys.*, 1827, t. XXXV, p. 401.

PELTIER. *Rech. sur la cause des phénomènes électriques de l'atmosphère*, etc. In *Ann. de ch. et de phys.*, 1842, t. LXXIX, p. 385.

BECQUEREL et Ed. BECQUEREL. *Eléments de physique terrestre et de météorologie*. Paris, 1847.

CHAPSAL. *Mém. sur un cas de foudre*. In *Ann. de ch. et de phys.*, 1845, t. XIII (LXXXVII), p. 269.

ARAGO. *Sur le tonnerre*. In *Ann. du bureau des longitudes* pour 1838. Paris, 1837, p. 221.

DE HUMBOLDT. *Sur les gymnotes et autres poissons électriques*. In *Ann. de ch. et de phys.*, 1819, t. II, p. 408.

MATTEUCCI. *Mém. sur l'électricité animale*. In *Ann. de ch. et de phys.*, 1834, t. LVI, p. 439. — *Rech. phys., chim. et physiol. sur la torpille*. Ibid., 1837, t. LXVI, p. 396. — *Sur le courant électrique ou propre de la grenouille*. Ibid., 1838, t. LXVIII, p. 93. — *Mém. sur l'existence du courant électrique musculaire dans les animaux vivants ou récemment tués*. In *Ann. des sciences naturelles*, 1843, t. XIX, p. 313; t. XX, p. 82. — *Leçons sur les phénomènes phys. des corps vivants*. Paris, 1847.

GAVARRET. *Lois générales de l'électricité dynamique*. Thèse pour le concours pour la chaire de physique. Paris, 1843.

REGNAULD. *De la production de l'électricité dans les êtres organisés*. Th. d'agrégation pour les sciences accessoires. Paris, 1847.

LONGET. *Anatomie et physiologie du système nerveux*. Paris, 1842. — *Traité de physiologie*. Paris, 1850.

MAUDUYT. *Mém. sur les différentes manières d'administrer l'électricité*. Paris, 1784.

DUCHENNE (de Boulogne). *Exposition d'une nouvelle méthode de galvanisation*. In *Arch. génér. de méd.*, 1850, t. XXIII, p. 258, 420; 1851, t. XXV, p. 203, 301. — *Rech. sur les propriétés physiol. et thérapeut. de l'électricité de frottement, de contact et d'induction*. Ibid., 1851, t. XXVI, p. 63.

NEUVIÈME LEÇON.

DE LA RADIATION SOLAIRE ET DE LA LUMIÈRE ARTIFICIELLE. — DES INFLUENCES EXERCÉES PAR ELLES SUR L'ORGANISME. — DE L'HYGIÈNE OCULAIRE.

De la radiation solaire.

Si l'on pratique une ouverture dans le volet d'une chambre obscure, elle livre passage à un faisceau solaire, qui donne naissance à trois ordres de phénomènes très distincts :

1° A une élévation de température;

2° A une action chimique capable de modifier profondément les propriétés des corps;

3° A une sensation lumineuse perçue par l'organe de la vue.

Et, comme il est possible d'isoler dans le faisceau solaire des rayons capables de produire exclusivement l'un ou l'autre de ces trois ordres de phénomènes, il faut en conclure que dans l'agent qui est rayonné vers nous par le soleil il existe trois espèces de radiations :

Une radiation calorifique,
Une radiation chimique,
Une radiation lumineuse.

La radiation calorifique est certainement un des plus puissants modificateurs dont les êtres vivants aient à subir l'influence. En étudiant la température atmosphérique, dont elle est la source, nous vous en avons fait l'histoire, et nous n'avons par conséquent plus à vous en parler. Il nous reste à nous occuper des radiations chimique et lumineuse.

De la radiation solaire chimique.

Si l'on prépare du chlorure d'argent à l'obscurité et si on le soumet à l'action du spectre, on constate qu'il subit une altération qui commence dans la bande violette pour s'étendre, d'un côté, jusqu'au rouge extrême sans le dépasser et se propager, de l'autre côté, au delà de la bande violette, franchissant ainsi les *limites visibles du spectre* et s'étendant assez loin dans la partie obscure. De telle sorte que la radiation chimique a son maximum d'intensité dans la bande violette, qu'elle ne dépasse point le spectre du côté des rayons les moins réfrangibles; tandis qu'elle franchit, au contraire, ses limites du côté des rayons les plus réfrangibles.

Une expérience fort curieuse de Seebeck démontre en même temps et l'action chimique exercée par la radiation solaire et les modifications que lui font subir les couleurs. Si l'on soumet à l'action de la radiation solaire un mélange détonant de chlore et d'hydrogène, la combinaison s'opère assez rapidement lorsque la cloche qui renferme le mélange est de couleur bleue, tandis qu'elle n'a pas lieu lorsque la cloche est de couleur rouge. Il en résulte que les couleurs exercent sur la radiation solaire chimique une action élective analogue à celle que nous vous signalerons lorsque nous vous parlerons de la radiation lumineuse.

Enfin, messieurs, il me suffit de vous rappeler l'admirable découverte de Daguerre pour vous donner la preuve irréfragable de l'action chimique que peut exercer la radiation solaire sur les corps inorganiques; les merveilleux résultats de la photographie en sont une éclatante manifestation.

La radiation chimique exerce-t-elle une influence sur la matière organisée? Des faits nombreux et péremptoires vont nous apprendre qu'il faut répondre par l'affirmative. Si pendant longtemps ces faits ont été attribués à la lumière, si maintenant encore il est difficile à leur égard de séparer la radiation chimique de la radiation lumineuse et de la radiation calorifique, il n'en est pas moins évident que c'est à la première qu'ils doivent être rattachés dans l'état actuel de la science.

La radiation solaire chimique doit être étudiée au triple point de vue du *développement*, de la *nutrition* et de la *coloration* des êtres organisés. Suivons-la dans chacun de ces trois ordres de phénomènes.

Influence de la radiation chimique sur le développement des êtres organisés.

Il résulte d'expériences concluantes, que la radiation chimique, par sa seule présence, donne naissance à une foule d'êtres organisés appartenant à la classe des infusoires végétaux et animaux. Morren a démontré que, si deux vases de terre semblables contenant de l'eau pure sont placés, l'un sous l'influence directe de la lumière solaire, l'autre dans une obscurité complète, des végétaux microscopiques se développent dans le premier, tandis qu'aucun être organisé n'apparaît dans le second.

Si les vases contiennent de l'eau dans laquelle des substances végétales ont été mises en macération, les êtres développés dans le vase éclairé appartiennent tous au règne animal.

Si les vases contiennent de l'eau dans laquelle des substances animales ont été mises en macération, les résultats sont semblables aux précédents quant au vase éclairé; mais dans le second on voit apparaître des infusoires appartenant à l'espèce des *monas termo*, c'est-à-dire au degré le plus inférieur de l'animalité.

Si une série de vases contenant de l'eau pure est disposée de façon que les vases reçoivent une quantité de lumière de moins en moins intense, on voit des infusoires végétaux se développer d'abord dans le vase le plus éclairé, et puis successivement dans les suivants jusqu'à une certaine limite, déterminée par l'insuffisance de la lumière. Dans un vase en cristal contenant 120 grammes d'eau et ne recevant de la lumière que par une ouverture de 15 millimètres carrés, il ne se développe plus aucun être organisé. Cette curieuse expérience montre, en outre, que les infusoires sont d'autant plus élevés dans l'échelle de l'organisation que le vase est plus éclairé; de telle sorte qu'on doit admettre que de la quantité de lumière dépend le plus ou le moins de complication des êtres qui naissent sous l'influence de l'agent solaire.

Une autre observation fort intéressante démontre encore l'influence de la radiation chimique sur le développement des êtres organisés.

On avait remarqué que dans les vases en question les infusoires se développaient tantôt sur la paroi qui recevait directement les rayons lumineux, et tantôt sur la paroi opposée, et l'on constata bientôt que cette prédilection était en rapport avec le diamètre des vases employés.

Or voici comment cette circonstance s'explique. On sait que les rayons qui tombent sur un vase transparent rempli de liquide sont en partie réfléchis et en partie réfractés; de telle sorte que quand le vase se trouve dans certaines proportions les rayons lumineux peuvent s'entre-croiser vers la paroi postérieure, de manière que celle-ci se trouve plus éclairée que celle qui reçoit directement les rayons solaires. Or c'est précisément dans ce cas que le développement des infusoires s'opère sur les parois postérieures.

Dans les vases cylindriques de moins de quatre pouces de diamètre, la ligne d'entre-croisement des rayons solaires a lieu entre la génératrice du cylindre et la paroi postérieure; or si dans un vase de ce genre on place dans la direction de la catacaustique une tige de verre, c'est sur celle-ci que se développent les infusoires.

Il résulte, en outre, des expériences de Morren que les rayons rouge et jaune favorisent au même degré le développement des infusoires, que le jaune-orangé a besoin d'agir pendant un temps beaucoup plus long; que l'organisation ne se développe jamais sous l'influence du rayon vert, et qu'elle n'apparaît sous celle des autres rayons qu'autant que la couche colorante appliquée sur le verre est extrêmement mince.

Edwards a montré que la radiation solaire exerce une influence très remarquable sur l'évolution des œufs de grenouille et sur le développement des têtards. Ayant placé des œufs de grenouille dans deux vases ayant la même température, mais dont l'un était éclairé, tandis que l'autre était surmonté d'un couvercle de papier noir, il vit les œufs éclore dans le premier, tandis que rien de semblable n'eut lieu dans le second. Des têtards ayant été placés dans ces conditions, ceux qui étaient exposés à la lumière se développèrent, tandis que des deux qui étaient placés dans l'obscurité, l'un persista dans ses formes premières.

Robert Hunt a établi expérimentalement que la lumière empêche la germination des graines, tandis que les rayons chimiques l'accélèrent.

L'influence de la radiation solaire, suivant M. Morren, se fait sentir sur le développement de toute la matière organisée. Là où elle est faible on ne rencontre que les rudiments de l'organisation végétale. A mesure qu'elle augmente en intensité et en durée apparaissent des végétaux de plus en plus compliqués, et enfin des animaux qui, eux-mêmes, suivent une marche ascendante semblable d'organisation. Cette doctrine est en effet parfaitement justifiée par l'étude de la distribution géographique du règne organique sur la surface du globe terrestre, et par ce fait général parfaitement établi, que les modifications produites dans les êtres vivants par le contact des corps extérieurs sont d'autant plus importantes que l'organisation est plus simple, et d'autant plus faibles que celle-ci est plus compliquée.

Influence de la radiation chimique sur la nutrition.

Vous savez tous combien est puissante l'influence de la radiation solaire sur la nutrition des végétaux : « La lumière, dit M. Martins, exerce sur les végétaux une action non moins réelle que la chaleur; vainement vous placerez une plante dans les conditions de température les plus favorables, si la lumière lui manque, elle s'étiole et dépérit. » Je sais bien que cette assertion a été considérée comme trop absolue; qu'on lui a opposé quelques exemples exceptionnels de végétaux vivants dans des cavernes, dans des lieux où règne une obscurité complète; qu'on a voulu dépouiller la radiation solaire chimique et lumineuse au profit de la chaleur; mais il vous sera facile de vous convaincre que ces objections n'ont pas une valeur sérieuse.

Priestley, Spallanzani, de Saussure, Sennebier, de Candolle, MM. Boussingault, Surcow, Dumas ont démontré expérimentalement l'action de la radiation solaire sur la respiration, l'absorption et l'exhalation, c'est-à-dire sur les principales fonctions qui s'accomplissent dans le sein des individus appartenant au règne végétal.

Plongés dans l'obscurité, pendant la nuit, les végétaux exhalent de l'acide carbonique emprunté en partie au sol et en partie produit aux dépens de l'oxygène de l'air ; sous l'influence solaire, les végétaux immergés sous l'eau, ou exposés à l'air libre, dégagent de l'oxygène qui provient de la décomposition du gaz acide carbonique répandu dans l'atmosphère ou absorbé avec les liquides qui le tiennent en dissolution ; cette décomposition s'accomplit dans le sein de toutes les parties vertes, et exige l'absorption préalable de l'acide carbonique et des rayons solaires chimiques, ceux-ci représentant l'élément réducteur, celui-là étant l'élément réductible, et les parties vertes constituant l'appareil de réduction ; tandis que, l'oxygène provenant de la décomposition de l'acide carbonique est exhalé dans l'atmosphère, le carbone reste fixé dans le végétal.

« Or, dit M. Sappey, l'absorption des rayons chimiques ne peut plus être mise en doute depuis la découverte importante de M. Daguerre. On sait, en effet, que les images daguerriennes sont dues à l'impression des radiations chimiques; or les parties vertes des végétaux ne sont point reproduites dans l'appareil daguerrien; dès lors il faut admettre que les rayons chimiques ne sont pas réfléchis par les surfaces vertes, mais qu'ils y sont, au contraire, absorbés et retenus. Ce phénomène remarquable d'absorption nous explique pourquoi les parties vertes des végétaux, qui seules jouissent du privilége de fixer les rayons chimiques, sont aussi les seules qui possèdent le pouvoir de décomposer l'acide carbonique; pourquoi, lorsque les rayons cessent d'intervenir, la décomposition cesse de s'accomplir; pourquoi, enfin, le pouvoir réducteur du spectre chimique offre de si grandes différences dans son intensité, suivant qu'il provient de la lumière solaire, de la lumière diffuse, de la lumière artificielle, de la lumière lunaire ou sidérale, ou bien de la lumière décomposée. »

L'action la plus énergique appartient à la lumière solaire directe; les lumières diffuse, artificielle et réfléchie exercent des influences de plus en plus faibles; la lumière lunaire paraît être dépourvue de toute action.

Mais, tandis que les parties vertes des végétaux opèrent une carbonisation, leurs parties colorées sont le siége d'une décarbonisation; elles empruntent de l'oxygène à l'air atmosphérique, le combinent avec une partie du carbone qui se trouve dans leur substance, exhalent de l'acide carbonique, et ici encore la radiation solaire exerce une influence remarquable et active l'absorption de l'oxygène.

Si une plante, garnie de ses feuilles et ayant ses racines plongées dans un vase plein d'eau, est exposée successivement à l'obscurité, à la lumière du jour et au soleil, on constate que les racines n'absorbent que très peu dans l'obscurité, qu'elles absorbent davantage à la lumière du jour et beaucoup plus encore au soleil; mais si, dans la production de ces phénomènes, on doit accorder une part à la radiation chimique, il est probable que la plus importante appartient à la radiation calorifique.

Nous en dirons autant pour l'exhalation, qui est d'autant plus active que la radiation solaire est plus intense, et qui est presque nulle dans l'obscurité.

Nous ne vous parlerons pas des phénomènes qui s'accomplissent dans la direction des tiges, les mouvements des fleurs et des feuilles, parce que l'on n'en connaît pas les véritables agents. Il est probable qu'il faut faire intervenir ici la radiation calorifique, l'humidité et divers modificateurs météoriques.

La radiation chimique n'est probablement pas étrangère au sommeil des plantes, à la production des émanations dangereuses qui se dégagent du rhus toxicodendron et du mancenillier; mais la science n'a pas encore suffisamment élucidé ces intéressantes questions.

L'influence de la radiation chimique sur la nutrition des animaux n'est pas encore très nettement établie. Est-ce à l'action directe de la radiation solaire sur toute la surface de leur corps qu'il faut attribuer la rareté, chez eux, des déviations organiques que l'on rencontre si fréquemment chez l'homme? Les sauvages, à l'état de nudité, sont remarquables par la beauté et la régularité de leurs formes; M. de Humboldt, qui pendant cinq ans en a vu des milliers, n'a jamais observé chez eux une seule difformité naturelle. Les peuples du Midi ont une conformation plus régulière et plus belle que les peuples du Nord.

On a cité encore, en faveur de l'influence de la radiation solaire sur la nutrition, les phénomènes que l'on observe chez les hommes qui sont habituellement soustraits à son action. Les individus dont les habitations sont mal éclairées, les portiers, les prisonniers, les mineurs, les marins qui passent leur vie dans la cambuse, sont petits de taille, mal conformés, lymphatiques, rachitiques, chloro-anémiques, scrofuleux, phthisiques. Mais ici intervient un modificateur fort complexe, et il est difficile de déterminer rigoureusement dans quelles limites agit la radiation solaire.

Influence de la radiation chimique sur la coloration. — Vous connaissez, messieurs, l'action si remarquable que la radiation solaire exerce sur la coloration des végétaux; la fleur la plus éclatante perd son brillant coloris lorsqu'elle se développe à l'abri des rayons lumineux, et cette influence est aussi marquée sur les parties vertes, sur les feuilles que sur les pétales parées des nuances les plus diverses et les plus vives.

La coloration verte est d'autant plus prononcée que la plante absorbe plus de carbone et de rayons chimiques; elle diminue d'autant plus que le végétal est plus rarement visité par le soleil ou soumis davantage à l'influence de la lumière diffuse, et elle disparaît complétement au milieu d'une obscurité permanente. La couleur verte des plantes est donc intimement liée à leur respiration.

C'est dans les pays où la lumière est le plus intense que l'on trouve les oiseaux aux couleurs les plus vives, et celles-ci se montrent de préférence sur le dos, tandis que les plumes cachées sous le thorax, sous l'abdomen, sous les ailes, sont beaucoup moins colorées. Il en est de même chez les insectes et un grand nombre d'animaux. Chez les quadrupèdes du Nord, le pelage blanc ou gris est très commun, et souvent il n'a qu'une durée égale à celle de l'hiver.

Une influence analogue est-elle exercée sur la coloration de la peau humaine?

Les nègres n'existent point au delà de la zone torride, et la couleur de la peau devient de moins en moins foncée à mesure qu'on s'éloigne de l'équateur. D'après M. de Humboldt, les nègres de basse condition sont plus noirs que ceux qui se garantissent contre l'ardeur des rayons solaires. Chez les Maures et les peuples orientaux, les femmes qui sont continuellement renfermées sont plus blanches que les hommes. A Ceylan, les habitants des plages découvertes ont le teint plus basané, plus brun que les habitants des bois. Les hommes qui travaillent pendant la nuit ont ordinairement le teint blafard.

Vous savez tous combien la peau brunit sous l'influence de la lumière solaire, et combien le teint des femmes de la campagne, par exemple, diffère de celui des femmes du monde.

Mais l'élévation de la température n'est-elle point, comme le pense Blumenbach, l'agent qui, dans ces circonstances, modifie la coloration de la peau? On ne saurait l'admettre, car la chaleur artificielle est sans action. Les forgerons, les verriers, les cuisiniers ont souvent la peau très blanche; tandis que le laboureur, exposé à une température plus basse, mais à une lumière plus intense, l'a très brune; les parties du corps protégées par les vêtements devraient être plus colorées que celles qui sont exposées à l'air, et c'est précisément le contraire qui a lieu; les Lapons, les Esquimaux, les Groënlandais, ont la peau très brune, malgré le froid extrême auquel ils sont exposés, et l'on ne peut expliquer ce fait que par l'intensité de la lumière que réfléchissent des neiges perpétuelles.

Toutes ces considérations nous autorisent à conclure que la radiation chimique exerce une influence remarquable sur la coloration de la peau humaine; mais il faut reconnaître néanmoins que cet agent n'est pas le seul qui intervienne, et que son action ne peut dépasser certaines limites.

La coloration de la peau est modifiée par certains phénomènes physiologiques, tels que la grossesse, par un grand nombre de maladies, et l'on a cité des exemples de négritie accidentelle. Les nègres et les blancs conservent la couleur qui leur appartient, quel que soit le climat qu'ils habitent, et nous verrons plus loin que ce n'est pas aux influences de la lumière que l'on peut attribuer les colorations distinctives des races humaines.

Pour nous résumer quant à l'appréciation des agents qui président aux divers phénomènes que nous venons d'énumérer, nous dirons, avec M. Sappey : « Ces phénomènes paraissent s'opérer soit sous l'influence exclusive du spectre chimique, soit sous l'influence combinée des spectres chimique et lumineux. Nous disons sous l'influence combinée de ces deux spectres; car, bien que des faits multipliés nous fassent incliner vers la première opinion, nous devons reconnaître qu'il y aurait quelque témérité, peut-être, à l'adopter d'une manière absolue. Si ces deux spectres, en effet, ont été isolés dans les expériences physiques qui ont permis de constater les propriétés de chacun d'eux, ils ne l'ont pas été dans celles qui ont été entreprises pour déterminer l'influence de la lumière sur les êtres vivants. La théorie indique nettement que tous ces phénomènes doivent être rapportés aux irradiations chimiques ; mais l'expérimentation nous laisse dans le doute sur ce point, et jusqu'au moment où elle viendra le dissiper, nous comprenons qu'un esprit sévère juge convenable de ne point séparer, dans la production de ces phénomènes, l'influence des deux spectres chimique et lumineux. »

Quoi qu'il en soit, il découle de ce qui précède certains préceptes hygiéniques dont il importe de tenir compte. Si pendant toute la durée de sa vie l'homme a besoin d'être exposé à une lumière suffisante, si le séjour habituel dans un lieu mal éclairé ou obscur a toujours pour lui des inconvénients plus ou moins graves, c'est surtout pendant les premiers âges de la vie, pendant la période d'accroissement et de développement, que l'influence de la lumière est utile et nécessaire. Les enfants élevés dans des lieux obscurs sont ordinairement d'une taille très petite, mal conformés, chétifs, étiolés, rachitiques, scrofuleux, phthisiques, chlorotiques, anémiques, et dans les cas de ce genre l'insolation est le meilleur remède qu'on puisse opposer aux troubles de la nutrition et aux lésions organiques qui en dérivent.

De la radiation lumineuse.

La radiation solaire lumineuse est l'excitant naturel de l'organe de la vue; c'est elle qui établit les rapports les plus importants entre l'homme et le monde extérieur, en lui dévoilant la forme, le volume, la couleur des corps qui l'environnent; en lui permettant de saisir en même temps l'ensemble et les détails de l'horizon qu'embrasse son regard; en l'avertissant en temps opportun des dangers qui le menacent; en lui désignant les objets qui peuvent lui être nécessaires, utiles, agréables ou nuisibles.

On a beaucoup discuté sur la question de savoir si la prééminence doit être accordée au sens de la vue ou à celui de l'audition, et je ne vous répéterai point, messieurs, tous les arguments qui ont été produits de part et d'autre; mais, sans vous occuper d'une question qui ne me paraît pas susceptible d'une solution absolue, si vous voulez songer un instant aux difficultés que présente l'éducation des aveugles de naissance, si vous voulez vous rappeler que le développement le plus extraordinaire du toucher et de l'ouïe ne remplace qu'imparfaitement la privation de la vue, vous comprendrez facilement l'importance du rôle que joue la lumière dans le développement intellectuel et moral de l'être humain.

« Sans la vue, dit M. Réveillé-Parise, l'espèce humaine perd ses plus belles prérogatives; car ne connaître ni les couleurs, ni la lumière, ni le ciel, ni la terre, c'est véritablement être une créature d'un rang inférieur à l'homme. Supposons pour un instant une race d'hommes entièrement privés de ce sens, ils ne pourraient jamais se former en société. N'ayant que des idées confuses des objets extérieurs, et notamment de leurs semblables, comment établir des rapports, des signes de communication? C'est donc au sens de la vue que nous devons les langues, les lois, les arts, les sciences, en un mot la société telle qu'elle existe... Mais à cette faculté d'accumuler dans l'intelligence une foule d'images et d'idées presque ineffaçables, nous pouvons en ajouter une autre non moins remarquable ; les yeux ne sont-ils pas les plus fidèles interprètes des émotions du cœur? Les sentiments qui agitent, les passions qui tourmentent, les vices qui dégradent, les remords qui déchirent, tout est rendu trait pour trait, et ce n'est point par une vaine métaphore que les yeux ont été appelés le miroir de l'âme. »

L'action de la lumière, comme celle de tous les modificateurs destinés à agir sur les organes des sens, s'exerce non-seulement sur l'appareil dont elle est l'excitant spécial, mais encore sur le cerveau auquel est transmise l'impression reçue par l'œil, afin qu'elle s'y transforme en perception ; il faut donc l'étudier à ce double point de vue.

Influence de la lumière sur l'organe de la vue.

La lumière du soleil est, comme vous le savez, une lumière blanche et composée, puisqu'il est possible d'y faire naître sept couleurs différentes, appelées couleurs du spectre, et qui sont le rouge, l'orangé, le jaune, le vert, le bleu, l'indigo et le violet; vous savez aussi que tous les corps sont éclairés soit par la lumière blanche du soleil, soit par la lumière lunaire et planétaire, soit par la lumière artificielle, et qu'ils présentent des nuances variables à l'infini selon leurs qualités physiques et chimiques, suivant la manière dont ils absorbent et réfléchissent les rayons lumineux. Les corps blancs renvoient toute la lumière qu'ils reçoivent; les corps noirs absorbent tout et ne renvoient rien ; les corps gris absorbent une égale proportion de toutes les couleurs simples; les corps rouges absorbent la couleur complémentaire du rouge, les jaunes la couleur complémentaire du jaune, etc. L'influence de la lumière sur l'organe de la vue varie, par conséquent, en raison de l'intensité des rayons lumineux et de la coloration des objets éclairés.

Lorsque l'œil ne reçoit habituellement qu'une lumière très faible, lorsqu'il reste plongé pendant longtemps dans une obscurité complète, sa sensibilité s'exagère, se dénature, et il devient inapte à soutenir l'éclat du jour; la pupille est dilatée, il survient de la mydriase, de la myopie et parfois une amaurose complète; souvent l'homme subit une exaltation de la sensibilité visuelle qui lui permet, dit M. Gerdy, de distinguer dans un cachot profondément obscur jusqu'aux jointures des murailles, et l'on observe alors une nyctalopie semblable à celle de certains animaux.

Sous l'influence d'une lumière trop intense, trop prolongée, l'on voit se développer des accidents plus graves, qui varient d'ailleurs suivant l'âge des sujets, leur constitution, leur idiosyncrasie, leur état de santé, de maladie ou de convalescence, leurs habitudes, etc.

Vous savez que l'homme ne peut sans péril fixer le soleil, et qu'à cet égard il ne jouit point du privilége qui, dit-on, a été accordé à l'aigle. Buffon fut atteint d'étéropsie pour avoir longtemps regardé cet astre ; Maunoir, Demours citent des cas d'amaurose, de cataracte, d'hémiopie développés dans les mêmes circonstances, et l'on a vu des nouveau-nés devenir aveugles pour avoir été exposés à une lumière trop vive; ces accidents ont aussi été produits par la vue d'un éclair. A un degré moins élevé, on éprouve un éblouissement intense, la vision est troublée, et tous les objets paraissent être colorés en rouge.

Les ouvriers qui travaillent sous l'influence d'une lumière très vive; ceux qui font usage de la loupe, de microscope, de lunettes astronomiques, sont souvent affectés d'héméralopie, de diplopie, d'hémiopie, de cataracte, d'amaurose, d'ophthalmies. Hartsoeker, Leuwenhoek, Swammerdam, Galilée, Cassini ont perdu la vue.

Lorsque l'un des deux yeux est exclusivement ou plus particulièrement mis en jeu, c'est lui que ces différentes affections atteignent.

La lumière réfléchie, quoique moins intense que la lumière directe, est une cause fréquente de maladies; mais c'est ici qu'il faut tenir compte de la couleur de la surface de réflexion. Le bleu et le vert sont facilement supportés ; le jaune, l'orangé et le rouge, ne jouissent pas du même privilége, et de toutes les couleurs, c'est le blanc qui exerce les influences les plus funestes.

Les ophthalmies, l'amaurose sont souvent produites par la réverbération de la neige, du sable, de maisons blanches. Elles ont décimé les armées de Xénophon et les nôtres pendant nos guerres de Russie, d'Egypte et d'Afrique. On les a observées en 1819 sur des soldats suisses qui manœuvraient à Lyon par un soleil ardent. M. Chevallier a signalé les accidents produits chez les compositeurs d'imprimerie par le brillant des caractères neufs. M. Réveillé-Parise rapporte qu'un grand nombre de contrebandiers perdit la vue après avoir traversé une montagne des Pyrénées couverte de neige. Vous connaissez l'acte de cruauté attribué par Galien à Denis le tyran.

Influence de la lumière sur les centres nerveux. — De tous les modificateurs destinés à agir sur les organes des sens, la lumière est un de ceux qui exercent l'influence la plus marquée sur les centres nerveux. Lorsque son action est trop intense, trop prolongée, il ne tarde pas à se manifester, du côté du système nerveux, des troubles principalement caractérisés par de la céphalalgie, de l'insomnie, de l'agitation, des vertiges, de la congestion cérébrale, et quelquefois par du délire, des vomissements, de la fièvre, des convulsions, etc.

C'est pour préserver l'homme des effets funestes de l'excitation solaire que la nature a fait succéder la nuit au jour, le sommeil à l'état de veille, et qu'elle a placé entre le rayon lumineux et la rétine un voile membraneux, opaque, mobile, destiné à modérer et à suspendre l'action de la lumière. C'était chez les anciens, dit M. Gerdy, un supplice horrible que celui de couper les paupières et de laisser le patient exposé aux rayons du soleil; mais heureusement que, dans ce cas, la nature, meilleure pour l'humanité que l'humanité ne l'est pour elle-même, rapproche la peau du sourcil de celle de la joue, de manière à fermer l'œil presque complétement.

De la lumière artificielle.

« Dans des temps encore peu éloignés du nôtre, dit M. Briquet, la lumière artificielle, fort restreinte dans la vie privée, était nulle dans la vie publique. La coutume du couvre-feu, qui s'est étendue pendant si longtemps sur presque toute l'Europe, l'absence de lumières dans les rues et l'imperfection des moyens de l'art, mettaient l'homme dans des rapports fort peu multipliés avec elle. Aussi, à l'exception de quelques professions, s'il n'en retirait pas de grands avantages sous le rapport de ses jouissances, il n'en éprouvait pas grand préjudice relativement à sa santé. La médecine d'alors devait donc peu s'occuper de son influence; mais à présent que des flots de cette lumière nous inondent de toutes parts, excitent sans cesse nos organes et puisent leur éclat dans des matières qui sont des poisons et des dangers pour l'homme, la médecine ne peut plus rester indifférente à l'action d'un agent si puissant, et l'hygiène doit veiller aux modifications qu'il peut imprimer à la santé. »

La lumière artificielle est produite par les divers instruments qui donnent naissance à l'étincelle électrique, par diverses combinaisons chimiques, par l'extrême élévation de température de certains corps métalliques, et enfin par la combustion de certains corps solides, liquides ou gazeux.

« L'expérience démontre, ajoute M. Briquet, que la lumière artificielle irrite et fatigue beaucoup plus les yeux que la lumière ordinaire des astres. Tous les observateurs s'accordent à regarder l'exposition trop prolongée à cette lumière comme l'une des causes les plus énergiques des phlegmasies des membranes internes de l'œil, de l'affaiblissement de la vue et de la paralysie du nerf optique. »

Cette différence s'explique par cette raison que les travaux du jour ne s'exécutent en général qu'à la lumière diffuse, tandis que ceux du soir et de la nuit s'effectuent sous l'influence des rayons directs du corps éclairant.

La lumière artificielle agit par son intensité, par la manière dont elle est répandue, par sa direction et enfin par sa composition.

La lumière insuffisante fatigue extrêmement l'œil et est une cause fréquente d'amaurose. Beer en a signalé les dangers, et, si les couturières figurent pour le huitième dans le nombre des sujets affectés de maladies oculaires, M. Sichel assure que cela tient à la faible lumière à laquelle elles travaillent le soir.

L'action trop prolongée ou trop intense de la lumière artificielle fait éprouver des picotements et de la cuisson au bord libre des paupières et à l'angle interne de l'œil; ces parties rougissent; on croit sentir des graviers entre les paupières et l'œil; une sensation de compression se manifeste dans l'intérieur de l'organe; la pupille se rétracte, et les muscles des paupières et des parties voisines deviennent le siége d'une fatigue extrême.

Si l'on accorde à l'œil le repos dont il a besoin, ces accidents se dissipent; mais si l'action de la lumière se prolonge, si elle est souvent renouvelée, il survient des conjonctivites chroniques, des iritis, des cataractes, des amauroses, de l'amblyopie, etc.

Beer cite des cas de cécité produite par l'impression subite d'une vive lumière; l'amaurose a été le résultat d'une lumière électrique trop intense; pendant l'incendie de l'Odéon, la plupart des militaires de service furent frappés d'héméralopie; la vue d'une fournaise ardente, d'un corps métallique porté à une température très élevée a produit des accidents semblables.

La lumière artificielle est surtout nuisible lorsque ses rayons arrivent directement à l'œil, sans avoir été préalablement affaiblis; plus la flamme est blanche, plus elle fatigue l'œil, et après le blanc vient le rouge.

Lorsque la lumière est incertaine, vacillante, alternativement plus faible et plus intense, l'œil est obligé de modifier fréquemment ses conditions statiques, et il en éprouve une très grande fatigue.

La lumière réfléchie est très nuisible.

Enfin, certaines matières qui échappent à la combustion peuvent exercer sur les yeux une action irritante plus ou moins vive; le gaz sulfureux, l'hydrosulfate d'ammoniaque sont dans ce cas.

De l'hygiène oculaire.

« Il est constant, dit M. Réveillé-Parise, que depuis un siècle environ le sens de la vue se détériore de plus en plus, et que le nombre des aveugles va toujours croissant. Les faits, les preuves et les calculs surabondent pour démontrer la vérité de cette assertion. On évite avec soin un son qui blesse l'oreille; l'odorat n'est flatté que par des odeurs suaves; le goût ne veut que des saveurs agréables; le toucher même ne recherche que les corps polis, les formes rondes, les surfaces adoucies. Par quelle fatalité faut-il donc que la vue, d'une sensibilité bien autre que celle des autres sens, soit continuellement blessée par des excès de tout genre dans le régime; par des lumières trop vives ou peu ménagées, souvent artificielles, par une application sans relâche, par des contrastes de couleurs toujours éclatantes et tranchées, par cet amas d'objets brillants qui nous entourent, et dont les reflets lumineux frappent les yeux en tout temps, en tout lieu, et dans toutes les directions ? »

Il faut ajouter cependant que, si l'oubli des règles de l'hygiène est la cause d'un grand nombre d'affections oculaires, beaucoup d'hommes y sont pour ainsi dire inévitablement exposés par les exigences de leurs professions et celles de plus en plus impérieuses des sciences, des arts et de l'industrie. Il en est ainsi, comme nous l'avons indiqué plus haut, pour les mineurs, les vidangeurs, les boulangers, les plâtriers, les tailleurs de pierre, les rémouleurs, les bijoutiers, les verriers, les miroitiers, les brodeurs, les couturières, les cuisiniers et cuisinières, les graveurs, les peintres, les hommes de lettres, les compositeurs; les individus qui se servent d'instruments d'optique, tels que loupes, microscopes, lunettes astronomiques, etc.; ceux qui sont obligés de faire usage d'une lumière artificielle très vive, qui fatiguent un œil plus que l'autre, etc.

Les préceptes de l'hygiène oculaire sont relatifs, d'une part, aux soins que réclament les organes de la vue considérés en eux-mêmes, et, d'autre part, à l'action exercée sur eux par la lumière, soit naturelle, soit artificielle. Etudions-les à ce double point de vue.

Soins que réclament les organes de la vue.

Ita valet corpus, sicut valent oculi, a dit Hippocrate. Des liens étroits unissent, en effet, les yeux aux différents organes, aux différentes fonctions de l'économie, et pour les conserver en bon état, il est nécessaire non-seulement de les soumettre eux-mêmes à des soins assidus, mais encore de maintenir intacte la santé générale.

Le coryza est toujours accompagné d'une irritation plus ou moins violente de la muqueuse oculaire. On doit donc éloigner toutes les causes qui peuvent lui donner naissance. C'est dans ce but qu'on recommande d'éviter le froid humide des pieds, qu'on prescrit de couvrir modérément la tête des jeunes enfants, dont les fontanelles ne sont pas encore complétement oblitérées.

Il est facile de comprendre l'influence fâcheuse qu'exercent sur les yeux les congestions habituelles de la tête; celle-ci ne doit donc pas être maintenue dans une position déclive, elle ne doit pas être trop couverte et tenue trop chaudement; il faut proscrire les vêtements trop étroits, les cravates trop serrées; il faut surveiller attentivement les flux menstruel et hémorrhoïdal, proscrire les repas trop copieux, l'usage des aliments excitants, des boissons alcooliques, combattre la constipation. M. Réveillé-Parise a vu plusieurs myopes perdre la vue par l'usage immodéré des liqueurs fortes, et

« il y a mille à parier contre un, dit-il, qu'une personne affectée de rougeur et d'irritation habituelle aux yeux est naturellement constipée. » Un exercice musculaire trop violent est aussi nuisible qu'une inaction complète et prolongée. L'insolation peut, dit-on, produire l'amaurose ou la cataracte.

Tous les modificateurs qui tendent à affaiblir, à altérer l'innervation générale ont sur les yeux un effet funeste ; des troubles plus ou moins graves de la vue accompagnent la chlorose, l'anémie, les hémorrhagies, l'albuminurie, les émissions de sang trop considérables, la névropathie générale, la plupart des névroses. Les passions ont une action puissante connue de tout le monde ; on a cité des exemples d'une cécité soudaine produite par un accès de colère, une joie excessive, une violente frayeur. L'abus des plaisirs vénériens est très préjudiciable aux yeux, non-seulement en raison des pertes séminales trop considérables qu'il provoque, mais encore par l'ébranlement qu'il fait subir au système nerveux ; Aristote dit que, dans l'acte vénérien, les yeux sont plus exposés que les organes génitaux eux-mêmes. Les dangers du coït sont surtout à craindre pour les convalescents et les vieillards ; Tissot, M. Réveillé-Parise ont vu des vieillards devenir aveugles peu de temps après avoir épousé des femmes jeunes et ardentes.

Il va de soi que les yeux doivent être soigneusement soustraits à toutes les causes extérieures et mécaniques d'irritation. Beaucoup de personnes ont la mauvaise habitude de se frotter les yeux avec les doigts, surtout le matin en se levant ; on a beaucoup disserté pour savoir si les ablutions doivent être pratiquées avec de l'eau chaude ou de l'eau froide, si la température de l'eau doit varier avec la saison, etc. Sans accorder à ces questions l'importance exagérée qui leur a été attribuée, nous pensons avec Beer qu'il faut éviter de faire usage d'une eau très froide en vue de la réaction qu'elle provoque, mais que l'eau fraîche est celle qui doit être préférée en toute saison ; souvent il est utile d'y ajouter quelques gouttes d'eau-de-vie, d'eau de Cologne, d'une liqueur aromatique et tonique.

Les personnes qui sont exposées habituellement à l'action d'un vent violent, d'un air chargé de gaz irritants, de poussière, de particules végétales ou métalliques, doivent préserver leurs yeux à l'aide de conserves, de masques, d'un appareil protecteur quelconque.

Un des préceptes les plus importants à suivre est d'étudier soigneusement la force de ses yeux et de ne pas les soumettre à des fatigues trop considérables. « Nous regardons comme impossible, dit M. Réveillé-Parise, de déterminer d'une manière rigoureuse combien de temps les yeux peuvent être appliqués au travail; la plus grande variété règne à cet égard parmi les hommes, depuis la vue la plus faible, hors d'état de supporter la moindre tension, jusqu'à la vue la plus solide, la plus durable. Toutefois, on peut établir en principe que les yeux sont fatigués quand on observe les symptômes suivants : il semble qu'on ait besoin d'approcher davantage les objets; ces mêmes objets se brouillent; on dirait qu'un léger nuage passe devant les yeux; le bord des paupières et même l'œil rougissent; on y sent de la pesanteur, du picotement, quelquefois un léger écoulement de larmes; en suspendant un instant le travail, on éprouve un sentiment de bien-être tout particulier dans les yeux. »

Certaines occupations sont plus fatigantes que d'autres; la lecture fatigue plus que l'écriture, et l'on cite Homère, Milton, Delille, Augustin Thierry pour montrer combien les hommes adonnés aux travaux de l'esprit sont exposés aux maladies des yeux et à la cécité. Mackensie assure que certains ouvriers voient mieux le lundi que le samedi. La couture, la broderie, surtout sur des étoffes de couleur noire, la peinture, la gravure, l'usage de la loupe, du microscope, etc., etc., exigent que le travail soit fréquemment suspendu pour donner aux yeux le temps de se reposer; il faut aussi autant que possible varier le travail et exercer également les deux yeux, travailler alternativement debout et assis, etc.

C'est surtout pendant l'enfance qu'il importe de ménager les yeux et de bien diriger leur *éducation;* c'est alors principalement qu'il est nécessaire de ne pas soumettre ces organes à un travail trop assidu, trop continu, trop fatigant. Les livres mis entre les mains des enfants doivent être imprimés en gros caractères; une distance de 10 à 12 pouces doit les séparer des yeux, et il en est de même pour l'écriture. Les enfants qui penchent trop la tête en avant sont exposés à devenir myopes.

Préceptes relatifs à la lumière naturelle.

Nous avons indiqué les fâcheux effets qui peuvent être le résultat soit de l'obscurité, soit d'une lumière trop intense, soit d'une lumière réfléchie. Les préceptes qui en découlent sont faciles à saisir. Les enfants, les convalescents surtout, doivent être soustraits à l'action d'une trop grande lumière; les pièces dans lesquelles on se tient habituellement, les cabinets de travail, doivent être convenablement éclairés, de façon à ne pas fatiguer les yeux soit par une lumière trop éclatante, soit par une lumière insuffisante; il faut donc éviter que les fenêtres donnent sur une surface blanche, sur un mur peint à la chaux; les parois de la chambre, les meubles, les rideaux doivent être verts ou bleus.

Les personnes qui ont les yeux faibles, les voyageurs, les ingénieurs, les individus qui, par leur profession, sont habituellement exposés à une lumière solaire très intense ou réfléchie par une surface blanche, doivent, pour éviter l'éteropsie, faire usage de *conserves*, c'est-à-dire de verres plans légèrement colorés en vert, ou mieux encore en bleu. Les Anglais préfèrent, avec raison peut-être, des verres teintés en noir.

Il ne faut point cependant abuser des conserves. « Ne pouvant rester constamment devant les yeux, dit M. Réveillé-Parise, on voit tantôt les objets éclairés naturellement, et tantôt dans une espèce d'obscurité alternative, ce qui porte un préjudice notable à la sensibilité de l'organe. Ajoutons que les personnes qui ont la vue tendre se munissent souvent de verres trop foncés, et les garnissent en outre de taffetas vert sur les côtés; les yeux, plongés alors dans une atmosphère chaude et humide, s'altèrent, et acquièrent d'autant plus de susceptibilité et de faiblesse qu'on les a tenus plus longtemps dans l'obscurité. »

Ceci nous conduit à dire quelques mots d'une question qui rentre dans le domaine de l'oculistique, mais à laquelle l'hygiéniste ne peut cependant pas rester complétement étranger : nous voulons parler des *lunettes*.

En vertu d'une disposition particulière des parties constitutives du globe de l'œil, rattachée par quelques-uns à la partie nerveuse de l'organe de la vision, et par la presque totalité des physiologistes et des physiciens aux membranes et aux humeurs, les objets ne sont nettement distingués qu'à une distance très peu considérable ou au contraire très grande. Dans le premier cas, on dit qu'il existe une *myopie*, et dans le second, une *presbytie*.

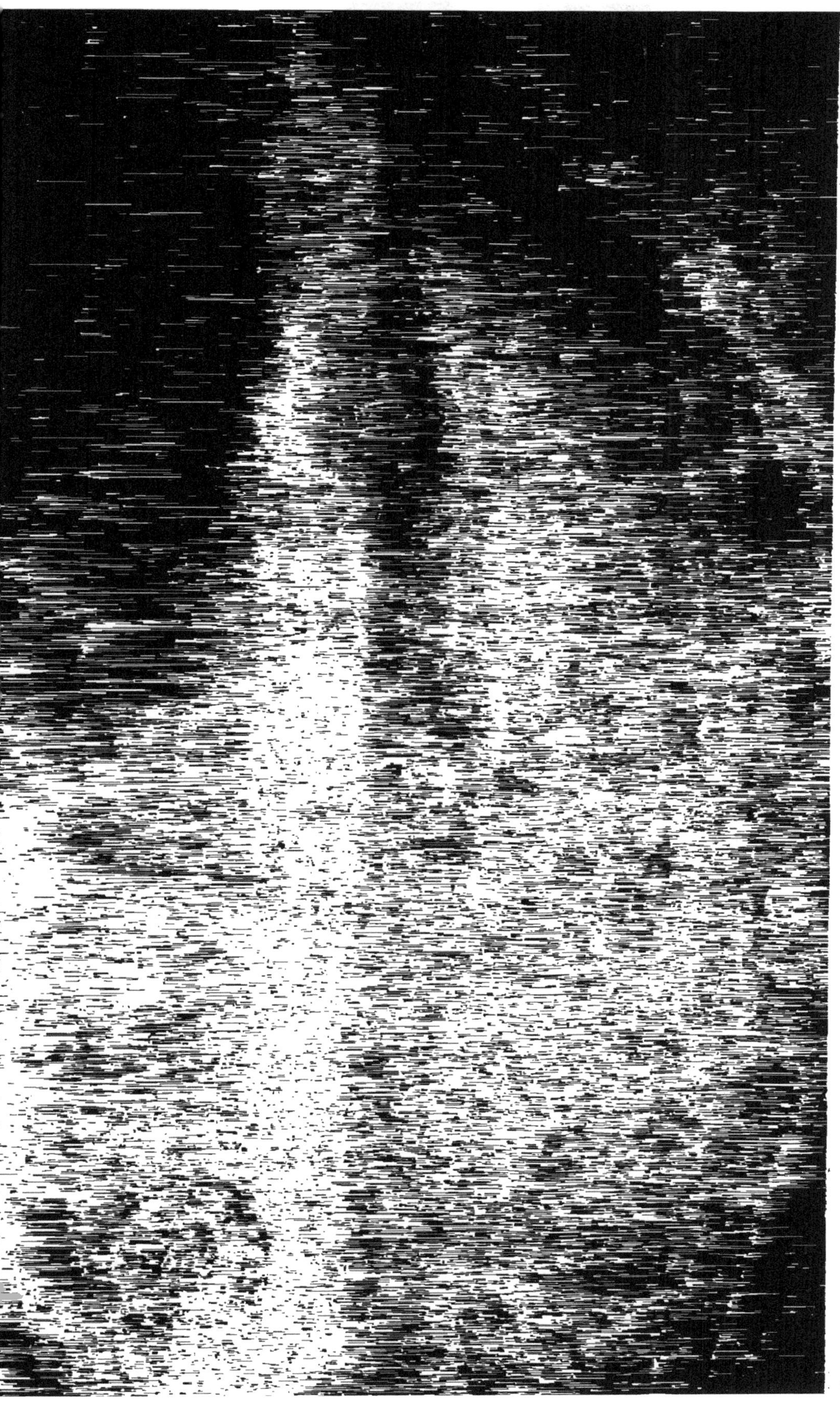

www.ingramcontent.com/pod-product-compliance
Ingram Content Group UK Ltd.
Pitfield, Milton Keynes, MK11 3LW, UK
UKHW012218240726
13966UKWH00003B/838

9 782011 741028